MAURO TREVISAN
MARCELO FABIANO RODRIGUES PEREIRA
Organizadores

A formação do professor desafios e achados contemporâneos

BENJAMIN DE LACERDA JÚNIOR
HELEN TATIANA DOS SANTOS-LIMA
IVAR CÉSAR OLIVEIRA DE VASCONCELOS
JOCELAINE APARECIDA TELLES
ROSALINA RODRIGUES DE OLIVEIRA
VERA APARECIDA DE LUCAS FREITAS

Editora CRV

Mauro Trevisan
Marcelo Fabiano Rodrigues Pereira
(Organizadores)

A FORMAÇÃO DO PROFESSOR – DESAFIOS E ACHADOS CONTEMPORÂNEOS

Editora CRV
Curitiba – Brasil
2020

Editor-chefe: Railson Moura
Diagramação e Capa: Editora CRV
Revisão: Os Autores

DADOS INTERNACIONAIS DE CATALOGAÇÃO NA PUBLICAÇÃO (CIP)
CATALOGAÇÃO NA FONTE

T784

A formação do professor – desafios e achados contemporâneos / Mauro Trevisan, Marcelo Fabiano Rodrigues Pereira (organizadores) – Curitiba : CRV, 2020.
126 p.

Bibliografia
ISBN 978-85-444-3932-6
DOI 10.24824/978854443932.6

1. Educação 2. Educação – Psicologia 3. Sociologia I. Trevisan, Mauro org. II. Pereira, Marcelo Fabiano Rodrigues org. III. Título IV. Série.

CDU 370.71 CDD 370.71

Índice para catálogo sistemático
1. Educação 370.71

2020
Foi feito o depósito legal conf. Lei 10.994 de 14/12/2004

Tel.: (41) 3039-6418 - E-mail: sac@editoracrv.com.br
Conheça os nossos lançamentos: **www.editoracrv.com.br**

SUMÁRIO

PREFÁCIO 9
Francisco Norberto Moreira da Silva

A FORMAÇÃO DE PROFESSORES E OS DESAFIOS AO TRABALHO COM A ORALIDADE NA PERSPECTIVA DO LETRAMENTO NO CONTEXTO ESCOLAR 11
Marcelo Fabiano Rodrigues Pereira
Vera Aparecida de Lucas Freitas

(RE)PENSAR O ENSINO DE GEOGRAFIA E SUAS NOVAS COMPOSIÇÕES CURRICULARES PARA A EDUCAÇÃO NA/DA INFÂNCIA 25
Benjamin de Lacerda Júnior

FORMAÇÃO CONTINUADA: além do papel de professor 49
Rosalina Rodrigues de Oliveira

POR QUE PEDAGOGIA? UM ESTUDO ACERCA DOS SIGNIFICADOS SUBJETIVOS E SOCIAIS DO CURSO DE PEDAGOGIA PARA OS JOVENS UNIVERSITÁRIOS 63
Helen Tatiana dos Santos-Lima

A PASSAGEM AO ATO NA ADOLESCÊNCIA: um estudo a partir da categoria de gênero 81
Helen Tatiana dos Santos-Lima
Ivar César Oliveira de Vasconcelos

O SENTIDO DO ENVELHECIMENTO PARA O PROFESSOR: um olhar acerca das alterações biopsicossociais 101
Mauro Trevisan
Jocelaine Aparecida Telles

SOBRE OS ORGANIZADORES 121

SOBRE OS AUTORES 123

PREFÁCIO

O presente livro discute aspectos importantes sobre a educação. Pensar a prática educativa requer reflexão sobre a formação dos docentes, os significados subjetivos e sociais nos cursos de pedagogia, bem como repensar a prática de ensino de algumas disciplinas como a de geografia na composição de currículos escolares, e neste processo está o professor que envelhece e que possui alterações biopsicossociais no processo de envelhecimento.

É este o desafio que os autores desta obra trazem ao público, um olhar entusiasta sobre as nuances e variáveis para uma educação de qualidade, que acontece no dia a dia, e não deixa de incluir neste processo a formação de quem forma, com uma abordagem contemporânea, esta obra te leva ao encontro de possiblidades do exercício pedagógico e didático da nossa realidade, pois não deixa de apostar na educação continuada e que cabe sem dúvida a muitas outras realidades de países próximos no fazer educativo.

A leitura é recomendada para quem trabalha com educação de forma direta ou indireta, sejam: docentes, empresários, diretores, pedagogos, psicopedagogos, orientadores educacionais, alunos de cursos de licenciatura, jovens universitários, entre outros. Sem dúvida é um livro que vai enriquecer o modelo de ensino dos atores que trabalham com educação neste país.

Prof. Dr. Francisco Norberto Moreira da Silva

A FORMAÇÃO DE PROFESSORES E OS DESAFIOS AO TRABALHO COM A ORALIDADE NA PERSPECTIVA DO LETRAMENTO NO CONTEXTO ESCOLAR

Marcelo Fabiano Rodrigues Pereira
Vera Aparecida de Lucas Freitas

O texto que apresentamos nesse capítulo discute uma questão visceral à educação e, especificamente, à formação de docentes para a atuação na alfabetização: as interfaces entre o letramento e a oralidade no contexto da prática escolar. A finalidade do texto que apresentamos aqui é, sem a pretensão de esgotar a discussão, trazer para o debate as propostas de formação de professores no que se referem aos desafios enfrentados no trabalho com a oralidade-letramento no contexto escolar. Assumimos, como premissa, a necessidade de situar o letramento enquanto prática social e a possibilidade de uma abordagem com a oralidade, enquanto eixo de ensino, na Educação Básica.

As constatações que apresentamos neste trabalho resultam de uma pesquisa realizada ao longo do mestrado em Educação na Universidade de Brasília que resultou na dissertação intitulada *o oral também se ensina.* Partimos da crítica feita, por parte da literatura recente, acerca do distanciamento da formação inicial e continuada dos professores em relação aos estudos sobre a oralidade e o letramento, principalmente da prática que atribui demasiada ênfase ao trabalho com a leitura e escrita dissociadas da oralidade e da prática social vivenciada pelos sujeitos. Diante deste contexto, nos questionamos: os professores encontram, em sua formação inicial e continuada, subsídios adequados para realizar um trabalho com contínuo oralidade-letramento na sala de aula?

Com vistas a abranger esta questão, elegemos como objetivo discutir eventos de oralidade trabalhados por uma professora da rede pública de ensino da Secretaria de Educação do Distrito Federal. No delineamento metodológico, optamos por uma abordagem qualitativa (BOUER; GASKEL, 2011), a partir de um estudo de caso do tipo etnográfico (BORTONI-RICARDO, 2008b) orientado pelos princípios da sociolinguística interacional e educacional. A pesquisa foi realizada em uma região administrativa situada no Distrito Federal e contou com a colaboração de uma professora que, à época da pesquisa, lecionava em uma turma do 2º ano do Ensino Fundamental de 9 anos.

Na tessitura deste capítulo buscaremos situar a discussão do Letramento como prática social e, posteriormente, discutiremos as possibilidades de trabalho com a oralidade no contexto de sala de aula no sentido de apresentar as estratégias de trabalho com a oralidade no trabalho docente realizadas pela professora colaboradora da pesquisa.

Aportes teóricos relacionados ao Letramento como prática social

Inicialmente situamos o letramento enquanto prática social e como perspectiva divergente das abordagens que assumem a leitura e escrita de forma descontextualizada das práticas sociais dos sujeitos. Assim, buscamos aproximar o letramento das discussões referenciadas pelos *Novos Estudos do Letramento* e distanciá-lo dos pressupostos que norteiam a *Teoria da Grande Divisão*.

As discussões, na atualidade, acerca do letramento têm deixado evidente que este é um conceito em disputa e existem diferentes concepções, com percepções distintas de Língua, Sujeito e Prática social, que disputam tal conceito. Nesse sentido Street (2014, p. 146) afirma que há "[...] modelos e pressupostos concorrentes sobre os processos de leitura e escrita, que estão sempre encaixados em relações de poder". Os estudos de Soares (2014) reconhecem que o letramento assume diferentes abordagens a depender do ponto de vista pelo qual é visto.

Do ponto de vista antropológico o letramento é compreendido como prática social que considera os valores que determinada cultura atribui à leitura e escrita. Em um viés linguístico, o estudo sobre o letramento tem centralidade na escrita, em seus aspectos linguísticos, reconhecendo a psicolinguística e a sociolinguística como forma de compreensão e análise da língua escrita. A compreensão que reconhece o letramento em uma perspectiva psicológica prioriza estudos sobre a competência cognitiva necessária à compreensão da linguagem escrita, ou seja, de que maneira o indivíduo pensa sobre a língua e elabora hipóteses sobre ela. O letramento, do ponto de vista educacional, é visto como habilidades relacionadas à escrita e à leitura, controladas pelos ideais de um Estado centralizador, hegemônico, na afirmação da homogeneidade em detrimento da heterogeneidade que caracteriza as comunidades locais, como defendem Street (2014) e Soares (2014).

A maioria destes pontos de vistas relacionados ao letramento o assume como uma habilidade descolada das práticas sociais dos sujeitos, minimizando-o a uma perspectiva técnica e neutra dissociada das práticas sociais, culturais, do trabalho e da história dos sujeitos concretos.

Essa perspectiva, que desassocia a leitura e a escrita das práticas sociais, herda de um paradigma positivista de ciência princípios que têm influenciado fortemente os estudos linguísticos no Brasil, principalmente os vinculados à vertente estruturalista-gerativista *e do modelo autônomo de letramento*[1].

Os teóricos que defendem esse modelo *autônomo de letramento* entendem a escrita em sua estreita relação com habilidades cognitivas e individuais, defendem princípios de uma teoria que ficou conhecida nos debates acadêmicos como *Great Divide Theories* (Teoria da Grande Divisão). Esta perspectiva ratifica a cisão entre a cultura oral e a cultura escrita e sustenta o argumento de que a interferência do letramento autônomo, centrado na escrita, promove avanços significativos na sociedade e, para isso, não consideram essa possibilidade nas culturas orais atribuindo a elas um sentido primitivo, atrasado, não científico, espontâneo e inferior (STEET, 2012, 2014).

Desse modo, a *teoria da grande divisão* constitui-se em uma concepção que se fundamenta na cisão entre oralidade e letramento e, desdobrando dessa divisão, o distanciamento entre primitivo *versus* civilizado, sociedade pré-letrada *versus* sociedade letrada; simples *versus* avançado, tradicional *versus* moderno. Pressupõe-se que existem mudanças significativas no processamento cognitivo da sociedade quando esta entra em contato com o letramento autônomo, institucionalizado e hegemônico.

Essa teoria ratifica uma visão que Street (2012, 2014) denomina *modelo autônomo de letramento*. Esse modelo, conforme Moura (2015) descreve, representa a ênfase à dimensão individual e cognitivista do letramento.

Este modelo de letramento pressupõe que a escrita, como variável independente, pode ser assimilada de maneira dissociada dos condicionantes sociais, culturais e históricos. Na agenda política, essa visão se materializa nas campanhas de diminuição do analfabetismo e no fomento à apropriação do sistema de escrita e da ortografia.

Nesse modelo, a escrita assume o papel de tecnologia capaz de promover impactos transformadores tanto nas estruturas mentais dos indivíduos quanto nas estruturas sociais e econômicas. Por isso, tal perspectiva autônoma do letramento, sustenta algumas dicotomias: por um lado, os que se apropriam dos letramentos dominantes, ocidentalizados e valorizados pelos organismos internacionais, como a UNESCO, são considerados como letrados, portadores de um letramento científico, civilizado, avançados e modernos e, por outro, os grupos que se distanciam dessas práticas letradas são rotulados como analfabetos, portadores de um conhecimento a-científico, primitivo, simples e

---

1 O modelo autônomo de letramento é um termo cunhado por Brian Street (2014) para se referir ao tratamento da leitura e da escrita com ênfase na dimensão individual, cognitiva e distante do contexto social dos sujeitos. A escrita é vista como variável autônoma responsável pelo desenvolvimento social.

arcaico. Kleiman (1995, p. 20) acrescenta que se trata de uma "[...] concepção que pressupõe que há apenas uma maneira de o letramento ser desenvolvido, sendo que essa forma está associada quase que causalmente com o progresso, a civilização, a mobilidade social".

Na análise de Street (2014) alguns fatores contribuem com a interiorização desse modelo autônomo de letramento: a) o distanciamento entre a língua e os sujeitos que dela fazem uso; b) a maneira como os processos sociais de leitura e escrita são assumidos, na voz pedagógica, como elementos neutros, independentes das práticas sociais, atribuindo-se ênfase na objetificação da língua, ou seja, em aspectos metalinguísticos; c) a negligência quanto às relações de poder e ideologia inerentes às práticas sociais de leitura e escrita e d) a demasiada ênfase na escrita e leitura em detrimento do discurso oral dos sujeitos.

Os fatores apresentados acima se intensificam por meio da forma escolar, ou seja, a maneira como a escola se organiza e as relações que se estabelecem no interior dela permitem que o modelo autônomo se estabeleça como hegemônico.

Em oposição a essa perspectiva, no final da década de 1970 e início da década 1980 pesquisadores, interessados na dimensão social e cultural do letramento protagonizam o que a literatura convencionou chamar de *virada social*, termo cunhado por Gee (2000), para se referir a uma mudança do enfoque individual, cognitivo e autônomo do letramento para a interação e para o contexto social e cultural permeados pela leitura e escrita.

A proposição de estudos sobre os letramentos nesta perspectiva, que passou a ser conhecida como *Novos Estudos do Letramento* (NEL), coloca em pauta o fator social dos eventos e práticas de letramentos e a discussão a respeito dos significados que determinado grupo social atribui à leitura e escrita. Ou seja, reconhecem o caráter ideológico do letramento.

De maneira contrária ao *modelo autônomo de letramento*, *os Novos Estudos do Letramento* se direcionam para uma perspectiva alinhada a um modelo *ideológico de letramento*. Para Street (2014) o *modelo ideológico de letramento*, é a compreensão ampliada de que eventos e práticas de letramentos estão centrados nas práticas sociais permeadas pela leitura e escrita. Assim, a visão de letramento em sua perspectiva ideológica "[...] ressalta a importância do processo de socialização na construção do significado do letramento para os participantes" (STREET, 2014, p. 44), considerando as consequências do letramento para o grupo social e uma visão culturalmente sensível à maneira como os sujeitos se apropriam do letramento e o seu impacto nas relações sociais dos sujeitos (cultura, a história, o trabalho, as lutas sociais etc.).

Assim, não há uma rejeição à aquisição do letramento escolar/acadêmico, mas pressupõe prática culturalmente sensível às culturas locais e o reconhecimento de que deve haver uma dimensão dinâmica, orgânica entre o letramento acadêmico e os letramentos locais, de modo que ambos exercem influências mútuas.

Esta concepção de letramento, como afirma Moura (2015), supera a visão individual, cognitivista e psicologista de leitura e escrita descolada do contexto dos usuários e da vida social e considera a escrita como prática social, coletiva, como forma cultural e produção social.

Street (2014), um exponencial representante dos *Novos Estudos do Letramento*, sinaliza, em suas pesquisas e produções científicas, a necessidade de retomar a natureza social do letramento que reconhece a multiplicidade de práticas letradas protagonizadas pelos sujeitos, em diferentes grupos sociais. Sendo assim empenha-se em discutir a questão do letramento a partir de um enquadre que situa a leitura e escrita no contexto sociohistórico.

Barton, Hamilton e Ivanic (2000), que integram o grupo de signatários dos *Novos Estudos do Letramento*, discutem a teoria do letramento como prática social reconhecendo ser essa a perspectiva mais adequada para uma compreensão que conecta as atividades de leitura e escrita à oralidade e às estruturas sociais mais amplas.

Por outro lado, a preocupação dos *Novos Estudos do Letramento* tem se voltado para as consequências da aquisição do letramento para os diferentes grupos sociais reconhecendo a existência de letramentos vernaculares, locais, estreitamente vinculados à vida das pessoas. Estes letramentos, na maioria das vezes, são apoiados na oralidade e vistos sob as relações de poder que permeiam a sociedade, estes são percebidos, muitas vezes, como sendo inferiores ou menos evoluídos que os letramentos dominantes (BARTON; HAMILTON; IVANIC, 2000).

Considerando que no *modelo ideológico de letramento* a leitura e a escrita são permeadas por relações de poder, Street (2012, 2014) discute dois conceitos operacionais que permitem uma maior compreensão do letramento como prática social, ou seja, letramentos que ocorrem em lugares e tempos específicos: o primeiro deles é *eventos de letramento e o* segundo, é denominado *práticas de letramento*, expressando a tentativa de compreender os eventos de letramentos inseridos em um contexto mais amplo, de natureza social e cultural.

Os *eventos de letramentos*, termo cunhado por Heath (1982), deriva do conceito sociolinguístico relacionado aos 'atos de fala'. Eventos de letramento são, portanto, ocasiões em que o trecho escrito integra as interações humanas, ou seja, evidenciam regras determinadas por grupos sociais para verbalizar e interpretar o trecho escrito. Dito de outra maneira, é "[...] qualquer ocasião em que um fragmento de escrita integra a natureza das interações das participantes e seus processos interpretativos" (HEATH, 1982 apud STREET, 2014, p. 173).

Barton, Hamilton e Ivanic (2000) reconhecem que os eventos de letramento, presentes na vida social, são variados de acordo com o contexto e, por isso, são melhores compreendidos a partir da visão de que existem diferentes *Letramentos*, no plural, ou seja, em determinada cultura não há um único letramento, mas diversos, associados aos diferentes domínios da vida dos sujeitos: família, a escola, o trabalho, a associação comunitária etc.

Com vistas a estabelecer uma relação entre os eventos de letramento e as experiências de natureza social e cultural, Street (2012, 2014) forja o conceito de *práticas de letramento* para se referir aos significados que a leitura e a escrita assumem para determinada cultura. Em outras palavras são "[...] concepções do processo de leitura e escrita que as pessoas sustêm quando engajadas no evento" (STREET, 2014, p. 147). Tais práticas de letramentos expressam os significados que determinado grupo, a partir de sua cultura, atribui à leitura e a escrita.

> Penso que o conceito de práticas de letramento é realmente uma tentativa de lidar com os eventos e com os padrões de atividade de letramento, mas para liga-los a alguma coisa mais ampla de natureza cultural e social (STREET, 2012, p. 76).

A partir desses conceitos operacionais, associados a um quadro teórico de modelo ideológico de letramento é que Street (2014) acredita ser possível pensar a proposição de um currículo que seja socialmente referenciado. Ao se ater ao aspecto cultural acerca do letramento, este pesquisador refuta a ideia de enquadrar o letramento de determinado grupo a partir da criação de um inventário rígido de eventos e práticas de letramento que caracterizam determinada cultura. Neste sentido ele busca desenvolver uma noção de letramentos dominantes em oposição ao que ele chama de letramentos "marginalizados".

Os letramentos dominantes, como a materialização de um *modelo autônomo de letramento* pressupõe um formato adequado e fixo de letramento a ser apropriado pelos sujeitos. Por serem institucionalizados permitem maior controle do Estado e a garantida da homogeneidade das competências adquiridas pelos estudantes. O papel do professor, nessa perspectiva é "[...] permitir o conhecimento das formas tradicionais de leitura e escrita – as formas letradas dominantes" (STREET, 2014, p. 153), isto expressa a necessidade de elevar os níveis de escolaridade sem, no entanto, elevar a compreensão dos sujeitos acerca de sua própria realidade. Assim, a prática letrada é um terreno de disputa de interesses dicotômicos.

Por outro lado, a valorização dos letramentos tidos como *marginalizados*, se aproxima do *modelo ideológico de letramento* desde que haja o reconhecimento e "[...] associações entre convenções culturais, práticas letradas, noções de pessoa e identidade e lutas de poder" (STREET, 2014, p. 149). Isto significa que não se trata apenas de valorizar a cultura local, mas reconhecer que os significados do letramento não estão descolados das relações de poder que permeiam a sociedade e que tais práticas são alvo de disputa ideológica. Neste sentido afirmamos a inadequação de um modelo enraizado nas práticas docentes das escolas brasileiras, ditados pelos livros didáticos, pelos currículos dissociados da realidade e práticas transmissivas de conteúdos desprovidos de significados para os estudantes.

Até aqui discutimos que o letramento tem assumido, no âmbito da agenda política e das práticas pedagógicas, uma abordagem da leitura e escrita direcionada para os letramentos dominantes, canônicos, institucionalizados e tem desconsiderado os letramentos locais, vernaculares e orais que permeiam a vida dos sujeitos e que são amplamente importantes para as comunidades locais. A seguir buscaremos inserir, neste debate, a questão da oralidade enquanto eixo de ensino e possibilidade de materialização de uma prática pedagógica comprometida com os letramentos.

Oralidade: a busca por uma definição

No âmbito dos conceitos apresentados, a discussão anterior serviu para fornecer subsídios para discutirmos, de maneira mais sistemática, o conceito de oralidade e suas relações com o letramento.

O conceito de oralidade é claramente definido por Marcuschi e Dionísio (2007, p. 25) como sendo "[...] uma prática social interativa para fins comunicativos que se apresenta sob variadas formas ou gêneros textuais fundados na realidade sonora; ela vai desde uma realização informal a mais formal nos mais variados contextos de uso".

É a partir desse conceito de prática social interativa para fins comunicativos que Barbato (2012), Fávero, Andrade e Aquino (2011) ratificam o conceito de oralidade apresentado por Marcuschi. Ao recorrer aos estudos recentes sobre linguagem, principalmente os propostos pela Análise da Conversação e a Sociolinguística Interacional, essas autoras propõem que o trabalho com a oralidade deva considerar a fala que tem na conversação sua realização, ou seja, a fala que se materializa na interação face a face.

Na opinião das pesquisadoras citadas no parágrafo anterior, a oralidade deve ser entendida na perspectiva dos usos da língua e a conversação é resultante de uma atividade interpessoal desenvolvida entre, pelo menos, dois indivíduos em situação face a face, dentro de uma configuração contextual de que fazem parte os entornos espaço-temporal e sociohistórico que unem os participantes. Deste modo, "a conversação é o resultado de um trabalho de ações conjuntas e coordenadas que as pessoas realizam cotidianamente em contextos específicos" (FÁVERO; ANDRADE; AQUINO, 2011, p. 18).

Nessa mesma linha de pensamento, Barbato (2004) tem apresentado pesquisas pertinentes em relação ao ensino da modalidade oral da língua incluindo as crianças de seis anos do Ensino Fundamental. Essa discussão é bastante pertinente ao contexto dessa pesquisa, pois se acredita que o ensino da oralidade deva estar presente desde os anos iniciais de maneira sistemática e intencional. A referida pesquisadora alerta quanto à necessidade de reconhecermos a oralidade em sua dimensão discursiva, isto significa que o desenvolvimento da oralidade dos alunos deve considerar quatro elementos fundamentais: os interlocutores, os objetivos, as funções e finalidade do enunciado que produzimos.

Ao apresentar esses elementos que compõem a situação sociocomunicativa, a autora pontua que os *interlocutores* "[...] são as pessoas que estão participando da interação real, concreta" (BARBATO, 2004, p. 48). Numa abordagem sociolinguística da interação, os interlocutores são os que estão presentes numa interação face a face e/ou que estão acessíveis durante o processo interativo. Esses interlocutores têm um *objetivo* que variam de acordo com as crenças e significados que eles constroem em determinadas situações comunicativas. Tais significados exercem *funções* e *finalidades* diferentes, como a própria pesquisadora exemplifica "[...] função expressiva, metalinguística, poética, referencial" (BARBATO, 2004, p. 49). Por fim, os interlocutores, com um objetivo comunicativo, fazem escolhas por diferentes funções para atingir uma finalidade como, por exemplo, descrever, narrar, instruir, informar, persuadir.

A sala de aula é um espaço onde podemos visualizar claramente essa situação comunicativa. Diferentes interlocutores (professores e alunos) interagem com objetivos distintos. No ensino da oralidade, por exemplo, a intenção de estabelecer uma interação bem-sucedida está presente a todo o tempo, pois ao produzirem textos orais as crianças precisam considerar que "[...] quem produz um texto, quer se comunicar com outrem" (BARBATO, 2004, p. 25). O sucesso dessa interação, certamente, possibilita que esse espaço se torne favorável ao desenvolvimento da oralidade. Neste contexto interativo os alunos poderão "[...] refletir sobre a função da língua e adequar sua fala às diferentes situações" (idem, p. 25), ou seja, escolhendo um gênero adequado, o assunto e a melhor forma de tornar seu enunciado significativo, considerando as finalidades que quer atingir.

Genouvrier e Peytard (1974) e Marcuschi e Dionísio (2007) chamam a atenção para algumas características da oralidade, que são os recursos disponíveis para esse tipo de comunicação: as entonações, as pausas, a rapidez da elocução, os acentos de intensidade, ritmo, a gestualidade, movimentos do corpo e dos olhos, entre outros elementos presentes na comunicação oral que são chamados de prosódicos. "A mensagem oral coloca emissor e receptor num contexto situacional idêntico e utiliza, com frequência, de maneira alusiva ou implícita, elementos do referente, que completam a informação da mensagem" (GENOUVRIER; PEYTARD, 1974, p. 29).

Outro autor que se dedica a estudar a oralidade e seu conceito é Ong (1998). Ele destaca que a oralidade vem despertando maior atenção dos estudiosos nas últimas décadas. Esta *redescoberta* da riqueza da oralidade se baseia no pensamento de que a oralidade está relacionada não só à comunicação, mas também com o pensamento.

Outro ponto importante que Ong destacou foi a questão da *redescoberta* do ensino da modalidade oral da língua nos tempos modernos. Essa observação de Ong dialoga com o que Assunção, Mendonça e Delphino (2013) argumentam sobre o processo de *esquecimento* e *redescoberta* da oralidade na história da humanidade. Elas afirmam que, na antiguidade, a oralidade tinha seu espaço garantido no ensino na transmissão das crenças e valores, porém, com o advento da escrita ela foi sendo deixada de lado e se tornou alvo de preconceito. Levando em consideração as exigências da sociedade moderna de um indivíduo capaz de se comunicar com competência, é que essa temática tem retornado às diretrizes, currículos e a própria produção científica.

Ong (1998, p. 15) insiste em uma visão de oralidade como aquela que precede a escrita, não só no sentido ontogenético (na constituição do ser), mas também filogenético (na história social da humanidade). "A linguagem é tão esmagadoramente oral que, de todas as milhares de línguas faladas no curso da história humana, somente cerca de 106 estiveram submetidas à escrita num grau suficiente para produzir literatura". Para ele a força da linguagem oral é tão intensa que subsiste em uma sociedade onde é tida como linguagem secundária, uma sociedade que atribui ampla prioridade à comunicação escrita.

Acerca do que foi apresentado até este momento, podemos sistematizar que o letramento, enquanto prática social, considera não somente a leitura e a escrita, mas também eventos e práticas de letramentos vivenciados por determinados grupos. Estes letramentos também podem ser locais, vernaculares e orais, presentes no cotidiano das pessoas nas mais diferentes esferas de comunicação. A oralidade se insere nesta discussão na medida em que percebemos que o trabalho com essa modalidade da língua, na escola, revela a força da linguagem enquanto instrumento de interação humana.

Considerações acerca do contínuo de oralidade e letramento e as práticas em sala de aula

Na relação entre oralidade e o letramento, é necessário considerar as contribuições de Bortoni-Ricardo (2004) acerca dos contínuos de oralidade-letramento como possibilidade de trabalho com a modalidade oral e escrita da língua. A visão apresentada por essa autora sobre o contínuo de oralidade-letramento se fundamenta no princípio que não há antagonismo nem fronteiras entre eles, pelo contrário, um evento de letramento, por exemplo, é permeado por eventos de oralidade.

No evento de letramento, por um lado, há um apoio explícito em textos escritos, enquanto nos de oralidade, por outro, o foco está na necessidade de estabelecer comunicação que pode ser informal ou formal, a depender do contexto comunicativo.

Outro conceito que nos subsidia nesta discussão foi proposto por Bortoni-Ricardo (2004) e se refere ao contínuo de monitoração estilística que trata, desde as interações completamente espontâneas até as mais formais (planejadas, monitoradas). Na concepção da autora,

> [...] nós nos engajamos em estilos monitorados quando a situação assim exige, por que nosso interlocutor é poderoso e tem ascendência sobre nós, seja por que precisamos causar uma boa impressão ou ainda porque o assunto requer um tratamento cerimonioso (BORTONI-RICARDO, 2004, p. 62).

O trabalho com o oral, na sala de aula, ao considerar a existência deste contínuo, deve sistematizar um trabalho com a oralidade que considere desde as situações mais informais em que utilizamos a fala para nos comunicarmos até as situações mais elaboradas que exigem maior grau de monitoramento e planejamento da fala.

As constatações que pudemos chegar, a partir do estudo de caso da prática docente, realizado com uma professora do Distrito Federal, é que o planejamento sistemático dos eventos de oralidade, que compõe as aulas, é condição básica para auxiliar os alunos a ampliarem sua competência comunicativa na modalidade oral.

A docente pesquisada, ao eleger o oral como objeto de ensino, mostrou que é possível o desenvolvimento da oralidade dos alunos por meio de um trabalho intencional, com objetivos definidos e mediações adequadas. Destarte o trabalho com gêneros orais, a partir de sequências didáticas, auxilia os estudantes a dominarem melhor um gênero e favorece o processo ensino-aprendizagem. Cabe à escola ensinar aos alunos, entre outros aspectos, o domínio de gêneros mais formais, que as crianças não aprenderiam espontaneamente, senão por uma mediação sistemática.

Esta constatação dialoga com os estudos de Marcuschi (2004) que defende a oralidade como prática social interativa com a finalidade de estabelecer uma comunicação e se materializa a partir de variadas formas ou gêneros textuais fundados na realidade sonora. Ele reconhece ainda que ela vai desde uma realização mais informal a mais formal nos mais variados contextos de uso.

A partir dos diferentes dados coletados, observamos que a professora investiu esforços em diferentes estratégias intencionais para desenvolver a oralidade dos alunos, desde a valorização de textos de tradição oral; a participação oral; a oralização de textos escritos; até o trabalho com gêneros orais mais formais como o debate, a exposição oral, a entrevista, descrição de objetos etc. Essa é uma conclusão importante a que foi possível chegar, pois reconhece-se que é necessário incentivar a participação oral dos alunos, incentivá-los a falar e escutar, porém, é importante também o trabalho com gêneros que as crianças não dominem para que ampliem sua competência comunicativa.

É importante destacar também que os alunos se tornam mais competentes no uso da língua (oral) quando participam de ações sistemáticas, intencionais e voltadas para a reflexão sobre a língua e seus usos em contextos sociais reais. No trabalho com os gêneros debate e exposição oral, por exemplo, a professora utilizou uma série de estratégias que auxiliaram os alunos a utilizar esses gêneros, não só para adquirirem novos conhecimentos, mas também para compartilharem saberes sobre diferentes assuntos. Isso quer dizer que a professora proporcionou situações em que os alunos necessitariam refletir sobre a língua, adequando-a, para agir em situações reais de uso. Essa concepção, de uso da língua em contextos reais com foco na reflexão, aproxima-se das orientações dos Parâmetros Curriculares Nacionais (BRASIL, 1997) e da concepção dos pesquisadores que subsidiaram o referencial teórico dessa pesquisa.

Além disso, outro aspecto conclusivo importante a que foi possível chegar, a partir dos dados coletados e do referencial teórico, é que um trabalho bem-sucedido com a oralidade dos alunos é resultado, por um lado da adesão a um trabalho sistemático com a oralidade e, por outro, do investimento em estratégias que tornem a sala de aula um bom ambiente interacional, onde o clima de respeito; o incentivo ao diálogo e à participação são fatores fundamentais no processo ensino-aprendizagem.

REFERÊNCIAS

ASSUNÇÃO, Cláudia A.; MENDONÇA, Maria do Carmo C.; DELPHINO, Rosângela M. Pouca ênfase no desenvolvimento da competência oral dos alunos. In: BORTONI-RICARDO, Stella Maris; MACHADO, Veruska Ribeiro (Org.). **Os doze trabalhos de Hércules, do oral para o escrito**. 1. ed. São Paulo: Parábola, 2013. p. 165-178.

BARBATO, Silviane. A alfabetização de jovens e adultos: princípios do ensino dialógico para a formação de cidadãos e cidadãs críticos. In: MAGALHÃES, Isabel (Org.). **Discursos e práticas de letramento, pesquisa etnográfica e formação de professores**. Campinas, SP: Mercado de letras, 2012. p. 213-234.

______. **Letramento, alfabetização e escola na infância**: práticas de linguagem oral e escrita para a inclusão de alunos de 6 anos no Ensino Fundamental. Brasília: Centro de Formação Continuada de Professores da Universidade de Brasília – CFORM/UnB: Secretaria de Educação Básica – MEC/SEB, 2004.

BARTON, David; HAMILTON, Mary; IVANIC, Roz. **Situated Literacies**: reading and writing in contexto. Londres/Nova York: Routledge, 2000.

BORTONI-RICARDO, Stella Maris. **Educação em língua materna**: a sociolinguística na sala de aula. São Paulo: Parábola Editorial, 2004.

______. **Falar, ler e escrever em sala de aula**: do período pós-alfabetização ao 5º ano. São Paulo: Parábola Editorial, 2008.

______. **O professor pesquisador**: introdução à pesquisa qualitativa. São Paulo: Parábola, 2008b.

BOUER, Martin W.; GASKELL, George. **Pesquisa qualitativa com texto, imagem e som**: um manual prático. Petrópolis: Editora Vozes, 2011.

BRASIL. Secretaria de Educação Fundamental. **Parâmetros Curriculares Nacionais**: língua portuguesa. Brasília: Secretaria de Educação Fundamental, MEC, 1997. v. 2.

CARDOSO, Cancionila Janzkovski. **Da oralidade à escrita**: a produção do texto narrativo no contexto escolar. Cuiabá: UFMT/INEP/MEC, 2000.

FÁVERO, Leonor Lopes; ANDRADE, Maria Lúcia da Cunho Victório de.; AQUINO, Zilda Gaspar Oliveira de. Reflexões sobre oralidade e escrita no ensino de língua portuguesa. In: ELIAS, Vanda Maria (Org.). **Ensino da língua portuguesa**: oralidade, escrita e leitura. São Paulo: Contexto, 2011. p. 13-28.

GEE, J. P. The New Literacy Studies: from "socially situated" to the work of the social. In: BARTON, D.; HAMILTON, M.; IVANIC, R. (Eds.). **Situated Literacies**: reading and writing in context. London: Routledge, 2000. p. 180-196.

GENOUVRIER, Emile; PEYTARD, Jean. **Linguística e Ensino do português**. Trad. Rodolfo Ilari. Coimbra: Livraria Almedina, 1974.

HEATH, S. B. What no betim story means: Narrative Skills at home anda t school. **Language in society**, v. 11, p. 49-74, 1982.

KLEIMAN, Angela B. Modelos de letramento e as práticas de alfabetização na escola. In: KLEIMAN, Angela B. (Org.). **Os signifcados do letramento**: uma nova perspectiva sobre a prática social da escrita. Campinas: Mercado de Letras, 1995.

MARCUSCHI, Luiz Antônio. **Da fala para a escrita**: atividades de retextualização. 5. ed. São Paulo: Cortez, 2004.

MARCUSCH, Luiz Antônio; DIONÍSIO, Ângela Paiva. **Fala e escrita**. 1. ed. 1. Reimp. Belo Horizonte: Autêntica, 2007.

MOURA, Ana Aparecida Vieira de. **Sociolinguística e seu lugar nos letramentos acadêmicos de professores do campo**. 2015. 270 f. Tese (Doutorado em Linguística) – Instituto de Letras, Universidade de Brasília, Brasília, 2015.

ONG, Walter J. **Oralidade e cultura escrita**: a tecnologização da palavra. Trad. Enid Abreu Dobránszky. Campintas, SP: Papirus, 1998.

SOARES, Magda. **Letramento**: um tema em três gêneros. 3. ed. Belo Horizonte: Autêntica, 2014.

STREET, Brian. Eventos de letramento e práticas de letramento: teoria e prática dos Novos Estudos de Letramento. In: MAGALHÃES, Izabel (Org.). **Discursos e práticas de letramento**: pesquisa etnográfica e formação de professores. Campinas, SP: Mercado de Letras, 2012.

______. **Letramentos sociais**: abordagens críticas do letramento no desenvolvimento, na etnografia e na educação. 1 ed. São Paulo: Parábola Editorial, 2014.

(RE)PENSAR O ENSINO DE GEOGRAFIA E SUAS NOVAS COMPOSIÇÕES CURRICULARES PARA A EDUCAÇÃO NA/DA INFÂNCIA

Benjamin de Lacerda Júnior

Introdução

O tema deste texto apresenta algumas reflexões sobre uma prática docente no ensino de Geografia para a infância e a necessidade de rever alguns paradigmas da composição curricular da Geografia escolar em uma perspectiva teórico-metodológicas.

Pensar o ensino de Geografia em suas proporções curriculares na Educação Infantil e no Ensino Fundamental I é pensar olhares e percepções do espaço pela criança. É perceber e valorizar a identidade e as singularidades das diversas linguagens e culturas infantis que elas expressam sobre os lugares, as paisagens, os territórios, os diversos grupos sociais de sua convivência, os diversos elementos que compõe a natureza e tantos outras expressões do espaço geográfico que muito a Geografia científica e escolar tem debatido no meio acadêmico.

Nesse sentido, é relevante partir de um pressuposto calcado na ideia de um projeto político pedagógico com ideário humanista no qual se propõe uma concepção de espaço, de infância além das concepções que a sociedade e os programas curriculares definem sobre infância e educação infantil. Pressuposto este que tem princípios nas questões levantadas por Lopes (2014) ao se pensar no trabalho com a geografia e com a infância. "Qual a concepção de infância está presente na minha prática pedagógica? No meu projeto curricular? No projeto curricular da minha instituição? O que desejo para as crianças? E ainda, como essa concepção de infância interage com o trabalho de geografia?" (LOPES, 2014, p. 102).

No decorrer das experiências vivenciadas na disciplina de metodologia e prática de ensino em Geografia do curso de pedagogia, as ementas elaboradas, geralmente seguem padrões e composições curriculares da Geografia escolar, em seguida objetivos e blocos de conteúdos para serem trabalhados, seguindo um critério teórico metodológico geralmente tendo como referência Os Parâmetros Curriculares Nacionais na elaboração de planos de ensino.

Nesse momento levanta-se questões e desafios no distanciamento e aproximação entre teoria, prática, criança/infância, ensino e aprendizagem. As dificuldades dos professores ao trabalharem com o ensino de Geografia nesse seguimento tem se tornado uma tarefa muito desafiadora para aqueles que não possuem uma formação específica, que não tiveram conhecimentos teóricos e práticos mais consistentes relacionado ao campo dos saberes da Geografia científica e da Geografia escolar. E até mesmo porque a Geografia da Infância ou a Geografia para crianças é um novo paradigma em construção em debate no meio acadêmico universitário no qual inclui outros campos do saber das Ciências Sociais como a Sociologia, Antropologia, Psicologia, Filosofia dentre outras.

Nesse sentido estaremos apresentando algumas contribuições teóricas do pensamento geográfico e de outras ciências sociais sobre criança e infância, lenvando em consideração uma abordagem metodológica e pedagógica no processo ensino aprendizagem necessária ás aulas de Geografia para a educação infantil e para o ensino fundamental I, identificando alguns princípios norteadores do ensino de Geografia e suas novas composições curriculares para a infãncia.

Desenvolvimento

Segundo Lacerda Júnior (2014), ao pensarmos em explorar a Geografia escolar enquanto ciência social que estuda e interpreta o mundo pelo espaço é consistir no estudo das relações entre o homem e a natureza no processo de produção (trabalho, movimentos sociais, conquistas) e organização do espaço (campo, cidade), e a compreensão da natureza (clima, vegetação, relevo, fauna, flora), tendo como objetivo por em questão os termos da relação do homem com a natureza com o próprio homem e o espaço em constante produção e transformação.

Ao pensar em explorar a Geografia escolar proposta por Lacerda Júnior (2014) é necessário contextualizar uma breve reflexão nos pressupostos dos estudos sobre crianças e infâncias, suas bases epistemologicas, bem como as contribuições da teoria histórico cultural e socias, políticas públicas norteadoras para as composições curriculares na educação infantil e ensino fundamental I.

Para essa fundamentação muitos autores baseam suas análises ao longo da diversas publicações como relata kuhlmann Jr (1998) apud Silva (2008, p. 80):

> Kuhlmann Jr. (1998) identifica os anos como um período de intensificação dos trabalhos sobre a infancia na historiografia inglesa, francesa, italiana e notre-americana, mas afirma que é preciso cautela quando se associa-se a esse perído o momento de entrada de uma literatura sobre a

> infância, geralmente atribuída à publicação de Ariès. Segundo Kuhlmann Jr. Há trabalhos sobre infância desde o século XIX. Talvez a sua difusão e incorporação às representações gerais a respeito da infância é que se intencificaram naquele período.

Nessa trajetória verificamos no final do século XIX a questão do despreso e exclusão social da criança no Brasil e ao longo do século XX a associação do processo de desenvolvimento econômico à base para as soluções das carências infantis, e por isso se torna objeto de discussão e de intervenção do Estado (FREITAS, 2003) em sua publicação na obra História da infância no Brasil

> [...] no século XIX, a criança, por definição, era uma derivação das que eram criadas pelos que lhe deram origem. Eram o que se chamava "crias" da casa, de responsabilidade (nem sempre assumida inteira ou parcialmente) da família consangüínea ou da vizinhança. O abandono de crianças e o infanticídio foram práticas encontradas entre índios, brancos e negros em determinadas circunstâncias, distantes da questão da concentração devastadora nas cidades, da perversa distribuição de bens e serviços entre camadas sociais e das fronteiras que entre elas estabeleceram (FREITAS, 2003, p. 20).

A situação do abandono, do desprezo conduz uma política de assistencialismo, de direitos, e na área da educação no século seguinte, associa-se a essa enfoques sobre a primeira infância aos estudos da área da educação como campo de estudos o debate do período da infância anterior à escolarização fundamental (SILVA, 2008). Debate esse que torna-se significante nos anos de 1970 e com o processo de redemocratização da educação brasileira nos anos de 1990.

> Nos anos 70 entra no cenário educacional a pré-escola e a creche vinculadas à noção de necessidade. A noção de compensação de carências materiais e culturais mediante a intervenção pública estava baseada na idéia da insuficiência de condições materiais e simbólicas de determinados grupos sociais em promover as necessidades materiais e as condições culturais que asseguram a insenção satisfatória da criança no universo institucional, mais especificamente a escola de Ensino fundamental (SILVA, 2008, p. 81).

E nos anos de 1990:

> [...] no contexto dos debates sobre a democratização da escola, nos quais se fez necessário extrapolar os próprios muros, voltando-se para as condições sociais econômicas e culturais da vida das crianças, especialmente das crianças pobres, centro de preocupações relativas à ampliação do acesso e às condições de permanência e *sucesso* escolar (SILVA, 2008, p. 81).

Neste contexto dos anos de 1970 e que se estende até os anos de 1990 diante das condições sociais no qual era negado como direito básico do cidadão como: educação cultura, saúde, moradia dentre outros seguimentos necessários as condições de qualidade de vida para as crianças. Verifica-se nesse momento a existência de políticas para segmentação em relação a pobreza. A falta de políticas sociais direcionadas as condições de vida digna às classes menos favorecidas caracterizava essas classes a marginalização crescente da sociedade contribuindo para o aparecimento da infância abandonada e esquecida.

> Não é fácil ser criança em nossos tempos. Mesmo em sociedades como a brasileira, onde as crianças são bem-vindas ao mundo em determinados estratos sociais, a exploração sexual, laboral, econômica, política, cultural de um número impressionante de crianças, reclama prudência ao se emitir qualquer juízo de valor abstrato ou idealizado. Diariamente muitas crianças morrem de fome, de frio de maus tratos, de abandono, tristeza. Não é brincadeira. Resulta inaceitável não só a exclusão de milhões de crianças brasileiras da cidadania, do mundo das cidades organizadas, mas também a forma como essa exclusão é cotidianamente naturalizada, como se fosse algo óbvio, natural, normal. Nada existe de mais anormal, arbitrário e ideológico que a exclusão de camadas inteiras de crianças de nossas sociedades pelo fato de serem crianças (KENNEDY; KOHAN, 1999, p. 12).

Esse momento é marcado por uma dualidade no contexto de ações afirmativas urgentes. De um lado a iniciativa de políticas direcionadas a criança, a infância e a Educação Infantil relacionado ao problema de natureza política de segregação social e que necessita delimitar um modelo de educação para as crianças de classes populares. Do outro o problema é de ordem pedagógica e acontece no interior das instituições escolares infantis, é a divisão entre o cuidar e o educar (a professora e a auxiliar) e as questões no processo de escolarização, formação de professores, políticas públicas para a educação, diretrizes curriculares nacionais.

> É interessante observar que nas últimas duas décadas, Leis e documentos importantes foram criados visando assegurar o direito das crianças de zero a seis anos à educação infantil. Todavia, esses documentos não determinam a obrigatoriedade do governo de ofertar escolas gratuitas a todas essas crianças, nem apresentam programas de formação específica para os professores das creches e pré-escolas. Nesse sentido, é necessário que a Educação Infantil e a formação de seus profissionais sejam reconhecidas de fato como prioridade das políticas de educação nacional. Apesar de conquistas importantes terem sido alcançadas no campo da educação infantil, ainda há um longo caminho a ser percorrido na busca de uma

política educacional verdadeiramente comprometida com a formação, qualificação e valorização dos profissionais que atuam na educação de crianças de zero a cinco anos (SANTANA, 2011, p. 10).

Verifica-se em Lopes (2018, p. 35) nessa questão de assegurar o direito das crianças o seguiente:

> O final da década de 80 e os anos 90, do século XX, foram acompanhados por um grande crescimento nos estatutos políticos e legais que colocaram as crianças como sujeitos de direitos e tema da publicação de diversos programas, como a Conversão sobre o Direito da Crianças, o Estatuto da Criança e do Adolescente (ECA), entre outros. Além disso os diversos programas de pesquisa de cunho nacional e internacional com financiamento do governo e de órgãos internacionais, como o Fundo das Naçãoes Unidas para a Infância (UNICEF), a Organizaçao das Nações Unidas para Educação (UNESCO) e a agência da ONU para refugiados (ACNUR), confere as crianças uma atenção especial.

É nessas condições sociais e materiais da vida das crianças, nas políticas públicas para seus direitos civis e humanos, nas políticas públicas educacionais para a educação infantil e para o Ensino Fundamental I (LDB, DCN, RCNEI, PCNs, dentre outros) e que fundamenta-se as teorias de percepção do adulto no olhar da condição de ser criança, formam-se princípios norteadores para se pensar um novo paradima, a Geografia da Infância, uma Geografia para a educação infantil. Infância, Pesquisa e Educaçao e olhares plurais da Ciências Humanas atravessam o século XX e permanecem no século XXI em diversos ciclos debates e produções científicas.

Dentres esses estudos e pesquisa apresenta-se temas como Filosofia e Infância no qual a Geografia na sua trajetória epistemologica teve um grande suporte teórico. Pensar infância e espaço.

> A filosofia pode contribuir para pensar a infância, para problematizar o seu espaço, para fazer-nos algumas perguntas sobre todas nossas obiviedades em torno dela. A filosofia tem algo a dizer para nos relacionarmos de uma outra forma com ess outro que para nós, adultos, é a infância (KENNEDY; KOHAN, 1999, p. 12).

A Filosofia para crianças tem seu estilo segundo Matthew Lipman em sua obra "A filosofia vai a escola" (1990) ao debater estilo filosófico das crianças". Lipman mostra a partir de exemplos vivos de discusões filosóficas com crianças, como elas pode somar-se ao grande diálogo e estilos em pé de igualdade com todos os outros estilos filosóficos. Segundo Lipman, o estilo filosófico das crianças concentra-se atulamente nas discussões de ideias filosóficas. Ainda que não se sabe até que ponto elas podem ser estimuladas a escrever filosofia, no seu próprio estilo, e a ler e comentar trabalhos de outras crianças (LIPMAN, 1990).

É nesse estílo filosófico da criança que podemos ter uma percepção de como ela vê, lê, analisa, compara o mundo (espaço), lugar, paisagens, natureza, pessoas e como ela se faz representar e identificar nesse mundo de interesse da Geografia e a linguagem que a criança faz da construção do mundo até mesmo porque nessa construção de mundo tem uma construção geográfico, histórico e cultural. Por outro lado tem a condição da construção que o mundo faz da criança.

O texto de Max Watorfsky que trabalha a construção que a criança faz do mundo e a construção que o mundo faz da criança citado por Koran e Kennedy (1999). O texto argumenta que a infância não é nenhuma classe natural ou universal mas um construto histórico cultural.

> As crianças são ativas na própria construção da "infância" ao mesmo tempo que sofrem as influências das instituições sociais. O mundo constrói a criança e a criança constrói o mundo. As teorias da infância fazem parte do que constitui normativamente a própria infância. Importa perceber a historicidade das normas concretas que são predominantes numa cultura, a variedade de fatores culturais que participam na constituição de tais normas, através de uma autoconciência crítica (KENNEDY; KORAN, 1999, p. 14).

É nesse construto histórico-cultural que a criança faz do mundo que nos faz repensar a escolarização geográfica da criança. A criança como condição geográfica do espaço e uma reeisignificação do espaço (mundo) da/pela criança nos faz pensar em uma dimensão de vivencia espacial.

Quando se fala que o mundo constrói a criança se subtende apontar a condição da infância como lugar socialmente construído, histórico e geograficamente forjado lembramos de Sarmento (LOPES; VASCONCELLOS, 2007, p. 12).

> A criança, cada criança, ocupa o lugar que os adultos prescrevem, que a sociedade lhes reserva e que a administração simbólica lhes indica, mas o faz sempre a partir desse lugar irredutível e distinto que é o da sua cultura, conjugada e construída continuadamente na interação com os outros e com os adultos.

Quando os autores relaciona a cultura da criança conjugada e construída continuadamente na interação com os outros e com os adultos nos permite pensar em prática docente e representação social no ato de ensinar Geografia.

Cavalcanti (2002, p. 12) nos permite compreender que

> O trabalho de educação geográfica consiste na promoção de uma consciência da espacialidade das coisas e dos fenômenos, de tal forma que seja evidenciado o componente espacial das práticas sociais cotidianas, postos que essas práticas são socioespaciais.

Cultura, práticas socioespaciais se tornam indissociáveis nos permitindo conceber cultura e infância em uma perspectiva da Sociologia da infância e na Geografia da Infância.

Nessa perspectiva de princípios comuns das ciências sociais ao considerar a criança como sujeito da e na cultura e relacionando com o desenvolvimento de um novo paradigma relativo à concepção de infância e ao seu processo de socialização, tendo não somente a Geografia e a Sociologia, mas também a Filosofia, a Psicologia, a Antropologia e outras.

Essas ciências sociais e suas metodologias de pesquisa buscam as crianças e a infância como sujeitos/objetos/categoria da pesquisa e realizar a etnografia no espaço escolar com fundamentos fortemente marcado pelo trabalho pedagógico do docente e a marca da escola e da sala de aula como espaço de cultura, de relações sociais no qual se manifesta a diversidade e a desigualdade social.

Dessa forma o saber das ciências sociais nos permitiu identificar novas formas de conceber as crianças e suas infâncias. Os estudos da Sociologia da Infância como comenta Lopes & Vasconcelos (2005, p. 35), "A Sociologia da Infância vem trazendo grandes contribuições nesse sentido, a ser ponto de ser considerada como único campo de produção de conhecimento a respeito da infância".

Mas os saberes das ciências sociais devem tomar suas precações relativas à concepção de infância e ao processo de socialização e nas diversas metodologias de ensino e aprendizagem no processo de escolarição da criança para que não possamos cair no erro da modernidade da super intervenção da cultura do adulto. Ao mesmo tempo que a modernidade funda a infância como categoria geracional própria, diferente dos adultos, também atrela a seus referentes empíricos as crianças um estatuto construido pela marca da negatividade (SARMENTO, 2007).

Como afirma Sirota, (2001) explorando as ideias de Sarmento (2007) adota-se um modelo de imposição sobre a criança passando a criança a ser um sujeito escolar atribuindo à criança o ofício de aluno.

Nessa perspectiva, a socialização ocorre dos adultos para a criança tornando a criança como um sujeito incompetente, a escola e o processo de escolarização da criança não admite a educação como processo e marcado por influências mútuas.

Nesse contexto do modelo de imposição sobre a criança e a transformando em um sujeito escolar atribuido como ofício de aluno Arenhart (2016), comenta que devemos rever essa cultura de imposição sobre a criança.

> Contrapondo-se a perpectiva tradicional de socialização infantil que toma as crianças como sujeitos passivos frente a sua socialização, têm sido consideráveis os estudos a pesquisar as crianças em suas relações de pares, partindo do pressuposto de que as crianças também se socializam, aprendem a produzir cultura com base no que constroem e partilham entre si. (ARENHART, 2016, p. 22).

A análise das culturas infantis permite, ainda, olhar a infância não mais pela marca da negatividade, da ausência, mas da diferença (SARMENTO, 2007).

Partindo de princípio de um ideal marcado pela saberes da ciência moderna que tem legitimado um ideal de criança universal e incompleta frente aos adultos (ARENHART, 2016), as ciências sociais contemporâneas passam a romper com os paradigmas tradicionais sobre as concepções de criança e infância e suas composições curriculares no processo de escolarização.

Dessa forma a decorrência de estudos das crianças a partir de si mesmo e de seus contextos de vida tem permitido as ciências sociais confrontar seus resultados com os discursos sobre as crinaças e suas infâncias.

Partindo do princípio de um campo disciplinar direcionado a educação na/da infância e a criança como sujeito e ator social como categoria e bases de pressuportos para as várias áreas de conhecimentos científicos e suas construção curricular para o processo de escolarização das crianças.

Tendo como referência a criança como sujeito e ator social, Arenhart (2016, p. 23) nos propõe bases norteadoras ou geradoras de construção de um trabalho pedagógico no processo de ensino e aprendizagem.

> [...] com base no reconhecimento das crianças como atores sociais e da infância como categoria gerencial que integra todas as crianças, formula três presupostos fundamentais: 1) o reconhecimento das crianças como produtos de cultura; 2) o reconhecimento de que essas culturas exprimem seu pertencimento geracional – por isso, a designação infantil – e 3) o reconhecimento de que, mesmo expressando uma condição comum, outros fatores constroem diferenciações culturais entre as crianças, como a relação como o lugar de moradia, a classe, a etnia, o gênero, a religiosidade, a mídia etc.

Dessa forma essas bases norteadoras ou geradoras podem fazer parte das composições curriculares na Educação Infantil nas diversas disciplinas propostas no Ensino Fundamental I, tendo a criança e sua infância um sujeito social, cultural.

No que compete a Geografia como ciência de análise e estudos no/do espaço e suas composições curriculares é utiliza-se dos fenômenos sociais, naturais, de mapas para a explicação do mundo em várias localidades, regiões, territórios. Ocupa-se das diversas relações estabelecidas entre os seres humanos, entre si e também com o meio geográfico. Esse meio geográfico é constituído por um conjunto formado por um sistema de objetos e um sistemas de ações Santos (2002).

Outro aspecto fundamental no qual a Geografia tem a contribuir para a formação dos alunos da educação infantil e na modalidade do ensino fundamental I é fornecer um conjunto de saberes capaz de lhes servir como instrumento teórico de interpretação do mundo em que vive para melhor apreendê-lo e nele atuar como cidadãos de direitos e deveres.

Nessa abordagem de compreensão de mundo pela criança em uma concepção cidadã concordamos com as propostas de Lopes (2018, p. 9) quando Vasconcelos no prefácio faz uma leitura sobre sua obra.

> Para o autor, conceber a Geografia na Educação infantil é conceber que as crianças são capazes de ir além dos tradicionais níveis ou dimensões do espaço consolidados na história curricular brasileira, e traçar outras rotas de leitura do mundo com as crianças (e com isso rever a clássica hierarquia de uma Geografia para crianças) e com elas sermos capazes de fazermos um exercício revolucionários, pois também o sentimento de realização também importa muito.

Mas essa compreensão de mundo pela criança traz uma leitura de diversas áreas do saber explorados na contempoaraneidade conforme os estudos de Lopes; e Vasconselos em seus estudos.

> Nos útlimos anos, um novo olhar sobre as crianças e suas infâncias tem sido sistematizado em diversas áreas do conhecimento. Os estudos em sociologia da infância, Antropologia da Infância, Geografia de Infância, Psicologia do Desenvolvimento, entre outros, tem contribuído para a emergência de um paradigma, de novas maneiras de se perceber e compreender as crianças e suas ações no mundo em que se ineresm (LOPES, 2018, p. 23).

Nas condições dos propositos da Geografia Escolar podemos afirmar que não é uma simplificação acadêmica conforme (CAVALCANTI, 2002, 2008). Para tanto vejo a nessecidade nesse momento de verificar algumas reflexões de ações pedagógicas pautadas na cultura da criança, na sua leitura de mundo em conexão com Geografia da Infância.

Lembrando que a criança enquanto sujeito social que conduz uma infância tornou-se um território a ser colonizado, a sociedade a escola, o adulto, a psicologia e a pedagogia moderna com seus saberes e poderes imprimiram à criança e suas infâncias, normatizações do que deve ser, saber. Ela vai ser nomeada, categorizada, capturada e submetida a uma racionalidade que se expressa no aprendizado de uma língua, códigos escritos, costumes, modos de ser, viver e estar no mundo (PERREIRA; PIRES, 2017). Com certeza iremos precisar de uma "Pedagogia da Autonomia" para crianças e romper com um paradgma da "Pedagogia do oprimido" na educação infantil.

Pereira e Pires (2017, p. 9) nos chama atenção em relação a criança como sujeito social; "Esse sujeito criança, que denominamos infantil, também é negra, índia, branca, menino, menina, que contribui suas identidades nas múltiplas práticas culturais das quais não estão dissociadas das relações de saber e poder".

O cenário da diversidade e da complexidade da infância nos faz (re)pensar o contexto das infâncias contemporâneas.

A Geografia e a educação infantil deve permitir um debate sobre uma educação geográfica como um espaço de diáspora, a criança na sua funçao existencial possui uma identidade, territorialidades e diferentes culturas e sabenos que no espaço se articulam as múltiplas configurações de poder, raça, sexualidade, gênero, etnia e se operam novas outras formas de se constituir crianças e infâncias.

Segundo Callai (2010, p. 17): e sobrepondo o cenário do campo de estudo da geografia para envolver a criança e a infância e seu reconhecimento espacial.

> [...] a função de estudar, analizar e buscar as explicações para o espaço produzido pela humanidade. Enquanto matéria de ensino, cria as condições para que o aluno ser reconheça como sujeito que participa do espaço em que vive e estuda, e que pode compreender que os fenômenos que ali acontecem são resultados da vida e do trabalho dos homens em suas trajetórias de construção da própria sociedade demarcada em seus espaços e tempos

Desse modo o fazer pedagógico do professor é proposto por um conhecimento geográfico efetivamente ensinado e efetivamente veinculado, trabalhado em sala de aula (CAVALCANTI, 2008).

O trabalho pedagógico em educação geográfica na escola com as crianças conduz a motivação das vivencias espaciais que implica a conduzi-las à consciência da espacialidade das coisas. Então, a finalidade da Educação Geográfica é contribuir na construçaõ de um pensamento geográfico, modos de pensar que envolvam a dimensão espacial.

Ao considerarmos a dimensão da realidade espacial imposto no cotidiano, é importane ressaltar que esse recorte assume um importante lugar no contexto educativo e educacional das crianças, pelo fato que é nessa condição, dimensão da realidade espacial que devemos oferecer a criança suas manifestações geográficas e como ela se manifesta e faz suas leituras geográficas, como ela se envolve com elementos da cultura geográfica.

Em seus relatos Stuart Aitkem (2017), Geografia de berço e as contopografias da infância relata experiências teóricas metodológicas com a Geografia da Infância trabalhando com mapas e linguagens de referências espaciais. Na minha concepção, Aitken (2017) utilizou-se de Linguagens Geradoras das crianças para conduzir uma experiência de localização geográfica de leitura de espaços de vivencias das crianças. Um trabalho pedagógico muito comum nas escolas e no ensino de Geografia, porém devemos estar atentos as identidades e singularidades das linguagens verbais que as crianças fazem ao ler, imaginar, criar seu espaço geográfico.

Na experiência de Aitken (2017) relata um trabalho no museu infantil no qual incluia expedições com crianças em seus bairros locais, que foi chamado de foto-viagem.

> Utilizando métodos envolvendo a fotografia autodirigida, pedíamos para as crianças no levarem em visitas guiadas a áreas urbanas que elas conheciam bem. Antes do passeio, as crianças esboçavam mapas da área e identificavam oportunidades de fotos. O programa foto viagem se expandiu e passou a envolver não apenas os membros do museu, mas também escolas autónomas para crianças com necessidades especiais e instituições que fornecem abrigo para famílias sem teto (AITKEN, 2017, p. 89).

Segundo Aitken (2017, p. 88) em seu relatos sobre a convivencia com as crianças e suas liguagens e vivencias ao projetar uma espacialidade foram as seguintes:

> Em um dos programas trabalhava com crianças de 3 a 8 anos no planejamento de uma rua urbana. As crianças construiam e pintavam todos os tipos de edifícios que quisessem, utilizando papel e caixas recicladas de suco e leite. Em seguida, sentávamos em torno da paisagem urbana e elas colocavam suas extruturas artezanais no cenário enquanto conversárvamos sobre o que estavam fazendo.

Foi nessas experiências que Aitken (2017, p. 88) observou as interações da linguagem das crianças como elas “forneceram insights interessantes sobre seus mundos e sugeriram não apenas compreensão sofistificadas do espaço, mas também importantes diferenças contextuais”.

Em seus relatos verifica-se as condições físicas, materiais, sociais e culturais no contexto da linguagem da criança ao dialogar por meio de uma análise espacial ou de uma leitura de espaço de mundo que faz parte do seu modo ver o mundo/espaço.

Nesse momento do trabalho de Aitken (2017), verifica-se em Almeida & Juliasz (2014) comentários sobre espaço e tempo na Educação Infantil pertinentes a experiência com as crianças.

> [...] nas atividades cotidianas é por meio de gestos, das ações que as crianças acumulam um conhecimento empírico do espaço, conhecimento originado na experiência e sistematizado pela linguagem. No entanto, a formação de conceitos relativos ao espalo e ao tempo não acompanha a atividade imediata de manipulação das coisas, mas depende do meio cultural no seio do qual as crianças percebem o sentido de suas ações, se estas são aceitas, aprovadas ou repreendidas (ALMEIDA; JULIASZ, 2014, p. 26).

É importante ressaltar nesse momento em um trabalho de alfabetização cartográfica de leitura e interpretação espacial que toda criança tem a necessidade de se acostumar com as diferenças entre linguagem escrita e a linguagem visual mas nessa adaptação devemos levar em consideração suas identidades e singularidade de visão de um determinado espaço/mundo e seus elementos que o compõe. Percebemos a riqueza dos depoimentos das crianças ao fazerm sua própria leitura espacial, percebe-se pequenos detalhes nas suas explicações, semelhanças e diferenças entre as diversas leituras que elas fazem do espaço. O seu sentido de ver uma posição geográfica da área narrada por elas, descreve uma orientação espacial singular e simbólica. Dessa forma percebemos que as crianças fazem observações e correlações tendo uma interação dos elementos naturais e humanos vistos por elas.

Junqueira filho (2017), contribui com algumas ideias na elaboração de um trabalho pedagógico com crianças quando o autor discute com intesidade a questão essencial dos processos educativos onde está a criança nas situações de aprendizagem principalmente quando se propõe que se exercite um olhar muito atento sobre o que as crianças epressam em termos de interesses, de modos brincar e de entender as coisas e as pessoas que as rodeiam nos diferentes contextos na escola e fora dela em direrentes tempos e espaços.

> Investigar o que as crianças já sabem sobre o tema-assunto-conteúdo-linguagem que se vai estudar é uma situação que pode ser feito em conversas nas quais o conjunto desses temas geradores vai permitir contínuas relações de aproximação com a realidade da criança e que irão estabelecer compreensão mais significativas no sentido de articular processos de autoconstituição e intervensão sobre si e o mundo (JUNQUEIRA FILHO, 2017, p. 101).

Nesse contexto, podemos levar as crianças a identificar sua história que se materializou em um espaço geográfico, paisagens, lugares, territórios. Espaços geográficos.

Segundo Lopes (2018, p. 50-51),

> [...] esses que possibilitam os próprios processos humanos. As novas gerações, ao nascerem, encontram uma história da humanidade presentificada nos espaços erquidos na superfície terrestre. As "formas" erguidas (entendidas aqui em seu carater material e simbólico) são frutos da história humana, mas ao mesmo tempo, são lugares onde a história humana constantimente inicia: são início, são fim, gênese. Tais "formas" constituiem as relações espaciais humanas, não são vazias de sigmentos. Se o espaço geográfico é produzido e produz a história humana, constitui também o humano. Existe assim, uma dimensão geo-histórica nesse processo.

Levando em consideração as ideias de Lopes (2007, 2012) ao afirmar que a criança não está no espaço não está no território, não está no lugar, não está na paisagem, ela é o espaço, portanto, uma unidade vivencial.

Articulando as ideias anteriores de Lopes proponho um trabalho com as crianças em um enfoque em que representa a criança no espaço enquanto unidade vivencial e sua relação com esse espaço.

A prática pedagógica no ensino de Geografia está sendo compreendida como dimensão da prática social, com características políticas contraditórias da sociedade capitalista. Trata-se de um processo de formação humana e de definição de objetivos, conteúdos e metodologias próprios do ensino de Geografia com sustentação e teorias educacionais que podem levar a emancipação ou à conformação do entendimento crítico do saber geográfico e ação pedagógica (LACERDA JÚNIOR, 2014).

Em uma experiência vivenciada em um trabalho de pesquisa e extensão na Universidade de Brasília no período de 2013-2015 com a formação de professores na Educação de Jovens e Adultos na EJA no campo, pesquisa esta intitulada pela equipe de professores "Tercendo trajetórias: tercendo cidadania no campo (Projeto Tecicampo) nos fez (re) pensar um currículo para a educação da EJA no campo em assentamentos rurais do Distrito Federal e Entorno.

Cada professor em sua respectiva área do conhecimento ficou responsável pelo conteúdo específico, porém tivemos a preocupação de elaborar um currículo integrador tendo um quadro de conceitos geradores pertinentes aos objetivos propostos do projeto.

Dessa forma proposta nesse momento é trazer um currículo integrador para um currículo de Geografia da Infância, um quadro de conceitos geradores e eixos temáticos para o ensino de Geografia da Infância no sentido de atender um enfoque do trabalho pedagógico com as crianças.

Tal proposta seria uma metodologia de ensino até então trabalhada em minhas aulas de metodologia de ensino de Geografia no Curso de Licenciatura em Pedagogia.

A seleção e organização de conteúdos relacionados às questões curriculares da Geografia na Infância propõem-se articular algumas reflexões para facilitar posteriormente conceitos que deveram ser contemplados com os conhecimentos escolares da geografia aos conhecimentos do cotidiano da criança.

A Geografia quando trata de reorganizar sua estrutura curricular a um modo de disciplinamento do conhecimento na escola, pouco consegue ultrapassar a explicação do fenômeno ainda que comporte denúncias ou intenções de esclarecer. No caso da Geografia da Infância, da um paço em outra direção significa tentar buscar, nas relações espaciais, as formas como as crianças experimentam os fenômenos. Crianças que pensam, refletem, brincam e agem, sobre ele e com ele. A criança ao se auto localizar como sujeito social no mundo torna essencial na formação de sua consciência social.

Esse entendimento direcionado a criança em relação ao conhecer o mundo: "está relacionado estreitamente aos seus círculos e às suas perspectivas, aos seus pontos de observação, de pertencimento, de percepção e ao seu lugar de produção de conhecimento". Oliveira e Marques, (2014, p. 170).

A seleção e organização de conteúdos relacionados às questões curriculares da Geografia da Infância propõem-se articular algumas reflexões com o que foi discutido anteriormente nesse artigo. A proposta aqui é articular alguns conceitos da Geografia Científica e escolar aliada a um método que deverão ser contemplados para articular os conhecimentos escolares da Geografia aos conhecimentos do cotidiano das crianças.

Sabemos que a escolarização da Geografia tem sofrido poucas mudanças apesar dos debates científicos sobre as temáticas, categorias e os conteúdos formais no currículo escolar da Geografia. Além disso, currículo disciplinar tem se tornado distantes das práticas pedagógicas (distância professor ensino aprendizagem criança) por falta de pequenas orientações metodológicas no sentido de direcionar o ensino de Geografia e suas composições curriculares para a infância. Nesse sentido concordamos com Oliveira e Marques (2014, p. 165) quando mencionam sobre currículo de Geografia:

> A questão é que, apesar das mudanças radicais em relação às temáticas ou conteúdos formais, ao posicionamento político e às suas utilizações, a própria lógica escolar dominante que distancia sujeito e objeto, que transforma o conhecimento em disciplina e converte o saber em matéria morta – não chegou a ser enfrentada de forma consistente.

Segundo o comentário dos autores a Geografia escolar poderia ter avançado em pontos básicos ao que refere seu objeto de estudo escalas espaciais ou categorias espaciais, porém o modelo de escolarização ainda mantém uma certa distância das realidades cotidianas.

No que se refere ao modelo de escolarização para a Geografia da Infância essa distância se encontra também longe das práticas pedagógicas. Se por um lado nos estamos avançando nos debates teóricos científicos e direcionando para as propostas curriculares, como estariam no momento a formação continuada dos professores para o ensino da Geografia na Infância?

Sabemos que a formação inicial e continuada de professores trata de um princípio básico e necessário para a caminhada profissional e para um trabalho docente mais significativo, para tanto, a busca de um aperfeiçoamento deve se tornar uma constante rotina na trajetória do educador, sempre na busca de aquisição de conhecimentos cujos desdobramentos podem contribuir para inovações em suas práticas (ENDO, 2016).

> Apesar das propostas de cursos de formação continuada, com destaque para área de Geografia, é preciso pensar inicialmente em diversos aspectos que envolvem esses cursos de formação e, principalmente, nas contribuições que podem promover em vista da realidade das salas de aula (ENDO, 2016, p. 40).

Mas será que a promoção de cursos rápidos vai assegurar as devidas práticas pedagógicas, metodologias de ensino, habilidades e competências que realmente tenho significado para o aprendizado da Geografia da Infância?

O fato é que temos um currículo para a educação infantil e para a Geografia no Ensino Fundamental I no qual devemos tê-los como norteadores para nos oferecer uma intenção e intervenção de um trabalho pedagógico ou de levantar uma proposta metodológica.

Nas palavras de Lopes (2018, p. 74), no que se refere a um programa curricular para a Geografia da Infância:

> Nos estudos que venho desenvolvendo sobre a Geografia na Educação Infantil, busco seguir os princípios apontados a seguir como balizadores de minhas ações e pano de fundo para o diálogo com os conhecimentos de natureza geográfica, defendendo, assim um currículo que se tenha intenção.

O autor transcreveu alguns itens que forma adaptados do documento “Educação infantil: da prática cotidiana” e que foi elaborado por meio de um Grupo de estudos e Pesquisa em Geografia da Infância.

Dessa forma tenho a proposta em apresentar alguns Conceitos Geradores para o ensino de Geografia da Infância no Ensino Fundamental I. Proposta no qual tenho a intenção nas ideias de Lopes (2018) em consonância com as ideias de Lacerda Júnior (2014).

Dessa forma devemos pensar nos desafios da Geografia da Infância considerando sua historicidade e a geograficidade da criança enquanto sujeitos que vivem um tempo e espaço (LOPES, 2018), a partir do cotidiano no qual se inserem, compreendendo os seus saberes fazeres e a cultura no processo de ensino-aprendizagem. A proposta central consiste em saber como alunos e professores pensam o espaço – lugar – território – territorialidades identidades – região – paisagem-natureza, apontando para uma perspectiva de ensino de geografia que considere esse lugar de vivência dos sujeitos (crianças). Logo, analisar como serão elaboradas as ações pedagógicas para o ensino de Geografia na/da Infância e, como elas sentem percebem o lugar, como se organizam e manifestam culturalmente, socialmente.

Nesse sentido apresento uma proposta de alguns conceitos geradores da Geografia científica para um ensino de Geografia da Infância.

O tema gerador: Lugar, Identidade, Território e Territorialidades

A princípio estarei apresentando uma proposta da literatura geográfica para infância referenciada por alguns autores, tendo a psicologia base de sustentação teórico espacial para a infância. A ideia aqui não é elaborar uma crítica negativa ou desconstruir algo que a Geografia e a Psicologia caminharam juntas em uma proposta de se pensar espaço infância e suas composições curriculares e que muito tem contribuído para ações pedagógicas na Educação Infantil e Ensino Fundamental I.

A proposta é interativa, ao agregar uma concepção teórica metodológica como suporte de um trabalho alternativo além daqueles propósitos para uma Geografia da Infância.

Sobre a noção de espaço e sua interação com crinaça e infância, propõe-se bases para um processo de intervenção pedagógica. Lembrando que a seleção de uma ou mais categorias de análise espacial é fundamental nesse momento. Além do que já comentamos anteriormente sobre as intervenções colaborações de outras ciências sociais. Nesse momento as contribuições da Psicologia.

O ensino de Geografia para crianças não foi, e não é, um desafio teórico-metodológico que encontramos apenas no campo da Geografia. É necessário encontrar, no campo da educação e da Psicologia, uma fundamentação teórica referente ao processo de ensino de aprendizagem (STRAFORINE, 2004).

O processo de construção de conceitos básicos da Geografia científica, dos saberes científicos difere da formação de conceitos pela criança. É o que se constata ao analisar os conceitos que foram objeto de pesquisa de psicólogos como Piaget e Vygotsky em suas análises relativas à construção e ao desenvolvimento lógico, espacial, temporal, social e moral da criança.

Segundo Piaget (1973), o desenvolvimento cognitivo precede a aprendizagem, ou seja, as estruturas psicológicas do indivíduo antecedem a interação social e são essenciais para a noção de equilíbrio em uma troca de pensamento entre sujeitos. A psicogênese[2] da noção de espaço passa por níveis próprios da evolução geral da criança na construção do conhecimento.

O espaço vivido está relacionado ao espaço físico, vivenciado através do movimento e do deslocamento. É aprendido pela criança por meio de brincadeiras ou de outras formas ao percorrê-lo, delimitá-lo, ou organizá-lo segundo seus interesses.

Nesse momento é importante atividades com exercícios rítmicos e psicomotores para que a criança explore o próprio corpo a noção e relações espaciais (ALMEIDA; PASSINE, 2000).

Já, para crianças de 6 a 8 anos, o espaço percebido não tem a necessidade mais de ser experimentado fisicamente. Pois a criança do ensino fundamental I, principalmente as do segundo ciclo (3º, 4º e 5º anos), é capaz de memorizar o percurso de casa para a escola, fato que não acontecia antes pois era necessário percorrê-lo para identificar os objetos contidos no lugar ou paisagem.

Para isso, Almeida e Passine (2000, p. 26), chama atenção ao afirmar que:

> Podemos afirmar que esse é o momento em que começa, para a criança, o estudo da Geografia. Cabe ao professor nesse momento propor atividades que venham a desenvolver conceitos e noções espaciais mais do que um conteúdo sistemático proposto pelos livros didáticos.

Podemos afirmar que esse é o momento em que começa, para a criança, o estudo da Geografia. Cabe ao professor propor atividades que venham a desenvolver conceitos e noções espaciais mais do que um conteúdo sistemático proposto pelos livros didáticos e suas composições curriculares.

A construção da noção de espaço para criança requer um processo evolutivo, como podemos verificar em Castrogiovanni (2002, p. 15).

> A construção da noção de espaço requer longa preparação e está associada á liberação progressiva e gradual do egocentrismo. O espaço apresenta-se para a criança do nascer aos 2 anos, mais ou menos, como sendo o espaço

2 A psicogênese aqui referida para a noção de espaço está relacionada em três níveis de evolução da criança: vivido ao percebido, e desde ao concebido.

> da ação. É o espaço vivido, construído pelos deslocamentos, através do rastejar, engatinhar, andar, procurar, etc., e pelos sentidos, que estruturam as relações de próximo, dentro, fora, embaixo, ao lado de, contém, está contido, etc. O espaço vivido é prático, organizado e equilibrado em nível de ação e do comportamento social.

Com o desenvolvimento psicológico, a criança começa a construção da função simbólica, ou seja, substitui a ação de um objeto por um símbolo, imagem ou palavra. Dessa forma, a criança concebe o espaço mais representativo. As ações que a criança interioriza e executa nesse momento são interiorizadas, embora não representadas.

Na concepção de Castrogiovanni (2002), faz uma concepção do espaço vivido, percebido e concebido pela criança.

> O espaço vivido é o espaço físico. A criança vivência este espaço a partir do movimento, da locomoção. O espaço percebido começa com um maior desenvolvimento do movimento da criança no momento ou etapa de apreensão do espaço, ou seja, nesse momento passa a ser percebido. A criança nesse momento percebe o espaço sem ter que experimentá-lo biologicamente, como no espaço vivido. Inicia-se aqui uma etapa que a criança descobre que não só mais o "aqui", o "ali" e "lá" como referência espacial. Ela começa a analisar o espaço por meio da observação. Esse momento é fundamental para a Geografia, pois permite introduzir a criança no mundo da leitura de paisagens. O espaço concebido refere-se a um espaço mais abstrato. A criança passa do conhecimento espacial corporal para o formado pelos sentidos, e então, para um conhecimento espacial mais reflexivo.

Na alfabetização espacial, faz necessário que a criança tome consciência do espaço ocupado por seu corpo. A escolarização deve ajudá-la a orientar-se no espaço. A delimitação dos objetos e a posição relativa que ocupam é indispensável nos estudos espaciais segundo as propostas da Psicologia.

Mas vejo a necessidade de termos a criança corpo/objeto/espaço um olhar como sujeitos reais em uma historicidade, temporalidade portanto como sujeitos presentes nas paisagens, lugares, territórios e que também são construtoras sócio espaciais que deixam suas marcas, rastros, identidades, singularidades.

Se a criança é um sujeito sociocultural, histórico, portanto é também geográfico, assim como é geográfico seu processo de humanização (LOPES, 2014).

Sendo assim a criança um sujeito histórico, geográfico e o seu geográfico um processo de humanização devemos levar em consideração o lugar, o território, a identidade, a paisagem, as relações sociais associadas ao vivido, percebido. Não teremos um corpo/objeto neutro categórico como referência de estudos.

No momento do conceito/categoria Lugar, Território, Identidade, Territorialidade, devemos propiciar momentos de discussões sobre as práticas, os comportamentos e valores das crianças e de seus próprios grupos de vivência de infância cotidiana. Desenvolver ideias sobre a dinâmica de formação dos seus, lugares, territórios, paisagens, verificando suas orientações de mapear configurações de identidade territorial evidenciando territórios comuns e diferenciados, manifestando suas territorialidades.

É importante nesse momento levar em consideração os critérios para escolha dos conteúdos na Educação Infantil seus significados e seus sentidos em determinados momentos. Devemos levar em consideração que o grau de um significado emerge na mediação implicada no processo formativo. Concordamos com Nóbrega (2016), a criança aprende a valorizar os conteúdos a partir dessa mediação/interação para que não caia em reducionismo.

> Os conteúdos que podem ser organizados a partir do conhecimento científico, de modo geral, são sempre muito relevantes para a criança, pois se referem a fenômenos e ocorrências de seu contexto e vivências. Uma leitura apressada deste critério pode resultar no reducionismo dos conteúdos que se planeja para o trabalho educacional (NÓBREGA, 2016, p. 56).

Dessa forma estaremos propondo uma práxis e resolução de problemas ao incorporar as informações recebidas das leituras que as crianças fazem parte do espaço geográfico associando-as ao universo de conhecimento que representa sua bagagem cultural de infância. Provocando assim a autonomia e cidadania, ao associar fatos geográficos que já é de pleno conhecimento da criança, é provocar ou associar algum tipo de emoção ou sentimento vivido pela criança. Estimular essas provocações por meio da leitura, da escrita, lidando com seus símbolos e palavras para uma compreensão integral. Ampliar a capacidade de expressão da criança em sua capacidade de argumentação oral (narrativas) e escrita e no uso de outras linguagens como o desenho a interpretação de fotos, imagens.

Nesse sentido, estaremos formando crianças geográficas e históricas pensando em um projeto de mundo da criança, da infância nas palavras de Lopes (2014, p. 107);

> Por isso, pensar a geografia, seu ensino e a sociedade se torna impossível sem pensar em sujeitos que fazem parte desses processos e as formas como os concebemos, sem pensarmos no projeto de mundo que desejamos, sem pensar nas infâncias que desejamos para as nossas crianças.

A prática pedagógica no ensino de Geografia está sendo compreendida como dimensão da prática social, com características políticas contraditórias da sociedade capitalista. Trata-se de um processo de formação humana e de definição de objetivos, conteúdos e metodologias próprios da Geografia com sustentação e teorias educacionais que podem levar à emancipação ou à conformação do entendimento crítico do saber geográfico e ação pedagógica.

É possível reconhecer nas práticas sociais vivenciadas pelas crianças no espaço da escola, não somente interações e sociabilidades, mas também algo que elas não conhecem e esse não conhecer tem suas interpretações e imaginações. Nesse sentido pode-se aferir que desse processo no qual as crianças tornam ao espaço escolar para apropriar-se de um saber que a estes aparece alheio, emergem relações de aprender e perceber. Aqui cabe ressaltar que a escola é espaço de cultura, construído na relação entre as experiências vividas nas diversas comunidades e na escola, espaços distintos e complementares onde os sujeitos se defrontam com relações sociais e culturais comuns e distintas no cotidiano e reinventam a vida, num movimento permanente de resistência as diferenças.

Dessa forma necessita de uma prática pedagógica crítica, de um profissional que desafia sua própria formação, que exercita a tomada de decisões ou posicionamentos na escolha e na construção da sua concepção de educação.

Apoio no pensamento de Souza (2006) na postura de uma prática pedagógica no qual precisa de três atitudes, como respeito, ousadia e humildade, saber observar rostos, gestos, traços culturais; saber ouvir e saber conhecer; inquietar-se com as características da realidade dos indivíduos. Verifica-se então que conhecimento é muito mais do que busca ou transmissão de informações por intermédio de livros, internet etc. Conhecimento requer compromisso, planejamento, reflexão e indagação especialmente. Surge do encontro entre saberes cientificamente reconhecidos e aqueles saberes do cotidiano, da experiência.

Nesse sentido devemos posicionar o que deve ser Geografia para a criança, o que pretendemos destacar e embora preservando os princípios universais da Geografia, para a infância importa priorizar uma síntese sobre sua percepção de espaço/mundo a qual necessita fazer.

Concordamos com Antunes (2014) ao relacionar a diversidade de conteúdos para ensinar alunos, no qual não devemos explorar toda admirável vastidão dos conteúdos geográficos, mas um elenco de conceitos/categorias mais restritos, ligados à sua vida e aos seus valores, suas identidades, seus sentimentos de pertencimento.

E se essa visão for bem apresentada, acredito que os professores e as crianças poderão desejar ou necessitar ir além do que as aulas propuserem, buscar no momento adequado, seu aprofundamento.

Concordo com a propostas curriculares da Geografia para os alunos em todos os segmentos, quando apresentam como meta essencial contribuir para a formação integral do educando, ajudando-o a refletir, observar, compreender e interpretar o espaço geográfico, que é um produto histórico e que revela a interação entre ambiente e as práticas sociais de pessoas que nela convivem. Práticas sociais que se manifestam no espaço. Espaço esse entendido como Território, Lugar de identidades e significados. Um território que contempla os avanços comuns a todas as ciências da natureza e do homem e que não abre mão de fazer de nossas crianças atores autênticos na construção de paisagens e lugares e na certeza de que sua disciplina é fruto da interação entre o trabalho social e a natureza (LACERDA JÚNIOR, 2014).

Uma Geografia que ensina a criança a pensar tomando como referência a ideia do seu lugar, território, territorialidades, identidades e outras categorias ou escalas espaciais. Não pretendendo dessa forma uma Geografia enciclopédia, de contos infantis e que sirva apenas para expressar cultura erudita, mas uma Geografia para a Infância explicativa daquilo que se observa e do espaço que se atua. Por essa razão, não se deve preocupar em conceituar o que é Geografia, e sim da importância a sua condição essencial de ferramenta pedagógica sobre uma nova maneira de olhar o mundo e compreender a relação interativa da criança no/do espaço.

REFERÊNCIAS

AITKEN, S. Geografias de berço e as contratopografias da infância. Trad. Leonardo Abromowicz. In: ABRAMOWICZ, A.; TEBET, G. **Infância & Pós-estruturalismo**. São Paulo: Porto de Ideias Editora, 2017.

ALMEIDA, R. D. de; JULIASZ, P. C. S. **Espaço e Tempo na Educação Infantil**. São Paulo: Editora Contexto, 2014.

ARENHART, D. **Culturas infantis e desigualdades sociais**. Petrópolis, RJ: Vozes, 2016.

ARIÈS, Philippe. **História Social da Criança e da Família**. Trad. Dora Flaksman. Rio de Janeiro: LTC, 1981.

BEAUCHAMP, Jeanate; PAGEL, Sandra Denise; NASCIMENTO, Aricélia. R. do (Orgs.). Brasília: FNDE, Estação Gráfica, 2006.

BRASIL. Ministério da Educação. Lei de Diretrizes e Bases da Educação Nacional. **Lei nº 9.394, de 20 de dezembro de 1996**. Política Nacional de Educação Infantil: pelo direito das crianças de zero a seis anos à Educação. Brasília: MEC/SEC, 2006.

______. Ministério da Educação. **Ensino fundamental de nove anos**: orientações para a inclusão da criança de seis anos de idade.

______. Ministério da Educação e do Desporto. Secretaria de Educação Fundamental. **Referencial curricular nacional para a educação infantil**. Brasília: MEC/SEF, 1998.

BUENO, M. A.; RABELO, K. S. de P. **Currículo políticas públicas e ensino de geografia**. Goiânia: Editora da PUC Goiás, 2015.

CALAI, H. C. A geografia ensinada: os desafios de uma educação geográfica. In: CALAI, H. C. **Formação de professores**: conteúdos e metodologias no ensino de geografia. Goiânia: NEPEG, 2010.

CASTROGIOVANNE, A. C. Apreensão e compreensão do espaço geográfico. In: CASTROGIOVANNE, A. C. (Org.). **Ensino de Geografia práticas e textualizações no cotidiano**. Porto Alegre: Editora Mediação, 2002.

CAVALCANTE, L. de S. **Geografia e práticas de ensino**. Goiânia: Editora Alternativa, 2002.

______. **Geografia escolar e a cidade**: ensaios sobre o ensino de geografia para a vida urbana cotidiana. São Paulo: Papirus, 2008.

ENDO, M. A. T. de O. Contribuições dos cursos de formação continuada: mudam as tecnologias, as formas de representar e interpretar o espaço; e o que muda nas práticas de ensino de geografia? In: PAULO, J. R. de. **A formação de professores de geografia**: contribuições para a mudança de concepção de ensino (Org.). Jundiaí: Paco Editorial, 2016.

FREITAS, Marcos Cezar de (Org.). **História social da infância no Brasil**. 5. ed. rev. e ampl. São Paulo: Cortez, 2003. 334 p.

JUNQUEIRA FILHO, G. de A. **Linguagens geradoras**: seleção e articulação de conteúdos em Educação Infantil. Porto Alegre: Editora Mediação, 2017.

KENNEDY, D.; KORAN. W. O. **Filosofia e infância**: possibilidades de um encontro. Petrópolis, RJ: Vozes, 1999.

KUHLMANN JÚNIOR, M. **Infância e Educação Infantil**: uma abordagem histórica. Porto Alegre: Mediação, 1998.

LACERDA JÚNIOR, B. **Tecendo cidadania no campo**: caderno de currículo – Geografia. Universidade de Brasília, PRONERA, INCRA/SR28, Brasília, 2014.

LIPMAN, L. **A Filosofia vai à escola**. São Paulo: Summus Editorial, 1990.

LOPES, J. M. **Geografia e educação infantil espaços e tempos desacostumados**. Porto Alegre: Mediação, 2018.

______. O menino que colecionava lugares. In: CASTROGIOVANNI, A. C.; GOULART, L. B.; KAERRCHER, N. A.; MARTINS, R. E. M. W.; TONINI, I. M. (Orgs.). **O ensino de Geografia e suas composições curriculares**. Porto Alegre: Mediação, 2014.

LOPES, J. M.; VASCONCELLOS, T. de. **Geografia da Infância**: reflexões sobre uma área de pesquisas e estudos. Juiz de Fora: FEME/UFJF, 2005.

NÓBREGA, M. L. S. de. **Geografia e Educação Infantil**: os croquis de localização. Curitiba: Editora CRV, 2016.

OLIVEIRA, C. A. C. de; MARQUES, R. Ampliando perspectivas sobre a geografia escolar. In: CANDAU, V. M.; MOREIRA, A. F. (Orgs.). **Currículos disciplinas escolares e culturas**. Petrópolis, RJ: Ed. Vozes, 2014.

PEREIRA, R. S.; PIRES, E. D. P. B. **Infância, pesquisa e educação**: olhares plurais. Curitiba: CRV, 2017.

SANTANA, D. R. Infância e Educação Infantil no Brasil: percursos e percalços. **Revista Enciclopédia Biosfera**, Centro Científico Conhecer, Goiânia, v. 7, n. 12, 2011.

SANTOS, M. **Da totalidade ao lugar**. São Paulo: Edusp, 2002.

SARMENTO, M. J. Visibilidade social e estudo da infância. In: SARMENTO, M. J.; VASCONCELLOS, V. M. R. (Orgs.). **Infância (in)visível.** Araraquara: Junqueira & Marin, 2007.

SILVA, I. de O. e. **Educação infantil no coração da cidade**. São Paulo: Cortez, 2008.

SIROTA, R. Emergência de uma Sociologia da Infância: evolução do objeto e do olhar. **Cadernos de Pesquisa**, São Paulo, n. 112, p. 7-31, mar. 2001.

STRAFORINI, R. **Ensinar geografia**: o desafio totalidade-mundo nas séries iniciais. São Paulo: Annablume, 2004.

SOUZA, M. M. **África e Brasil Africano**. São Paulo: Ática, 2006.

FORMAÇÃO CONTINUADA: além do papel de professor

Rosalina Rodrigues de Oliveira

Neste texto, gostaríamos de pontuar o nosso interesse em considerar a vida psíquica, do ponto de vista consciente e inconsciente, perpassando a relação pedagógica, por acreditar que esta estrutura gera um campo de comunicação inconsciente, questão que será enfatizada, portanto, nesta pesquisa. Sendo assim, essa abordagem trata-se de um contexto parcial da tese de doutorado, da autora, realizada na Faculdade de Educação da Universidade de Brasília – UNB, com o objetivo de identificar como a formação continuada pode sustentar os efeitos do mal-estar docente nos espaços de sua atuação em sala de aula.

Diante disso, vale dizer que a referida pesquisa, inicialmente, ancorou em uma investigação em que teve como meta auxiliar a proposição, por parte de municípios e estados, de políticas públicas voltadas para a implementação da Educação Integral/Integrada no país (BRASIL, 2009-2010).

A partir do nosso envolvimento efetivo nessa pesquisa, intitulada *Educação Integral e(m) tempo integral no Ensino Fundamental*: *concepções e práticas na educação brasileira*, pesquisa interinstitucional, composto por um grupo de quatro universidades públicas federais, atendendo à solicitação da Secretaria de Educação Continuada, Alfabetização e Diversidade – SECAD, do Ministério da Educação, decidimos fazer um recorte epistemológico e investigar o mal-estar docente dos professores de três escolas públicas do Distrito Federal, em 2013, período do doutoramento da autora.

O estudo foi desenvolvido pela abordagem de caráter qualitativo, Assim, utilizamos a observação, o grupo focal e a entrevista semiestruturada como instrumentos de construção dos dados, sob a orientação de Bauer e Gaskell (2008). Contamos com a participação de quinze professores regentes de três escolas da rede pública do Distrito Federa e pautamo-nos no recorte epistemológico da psicanálise como possibilidade interpretativa da leitura dos dados.

Conforme Safra (2006), ao longo dos anos, toda produção científica esteve vinculada a uma perspectiva de objetivação do fenômeno, isto é, somente era considerado científico um assunto que pudesse ser *objetificado*, quantificado. Essa tendência pressupunha uma relação vertical de sujeito-objeto. A partir dos anos de 1980 surge no Brasil, especificamente na Pontifícia Universidade Católica – PUC/SP, um encontro de psicanalistas de diferentes regiões brasileiras, com o objetivo de ampliarem as discussões para novas perspectivas epistemológicas no campo científico.

Nesse sentido, foram pensados diferentes métodos investigativos para a academia, de maneira legítima, sem perder o rigor científico, mas que pudessem considerar a relação sujeito-sujeito. Essa perspectiva metodológica, segundo o autor, rompeu com a visão de homem *objetificado*, ou de homem visto como fenômeno natural apregoado pelo modelo científico positivista, interessado em pesquisar as causas e efeitos dos fenômenos, bem como explicar e ter domínio da realidade.

Neste cenário, vale lembrar que os pressupostos da psicanálise contribuíram decisivamente para o entendimento do contraditório na relação humana, a qual se torna preponderante na educação, porque nos permite compreender algo além do sujeito da cognição e diante dele o objeto mudo. Nessa relação do aprender-ensinar, sujeito e objeto são elementos que se comunicam mutuamente utilizando-se dos significantes imaginários que o sujeito dá para cada objeto de conhecimento.

Assim, pensamos que seja de vital importância introduzir nos cursos de formação continuada reflexões sobre a construção do conhecimento pela via do relacional, da descontinuidade, de rupturas, em confronto com o que há de singular no sujeito, ou seja, com a insatisfação estrutural que é da ordem de insatisfação do desejo.

Lajonquière (1999) afirma que na educação se veiculam não somente ideias de ordem simbólica, como também ideais imaginários, ou seja, saber e desejo se justapõem e compõem o ato educativo articulando-se através do conhecimento e dos saberes existenciais construídos desde a mais tenra infância, tanto dos educandos como dos educadores.

Portanto, vislumbramos esses imperativos sob o ponto de vista da psicanálise.

Ao pensar a formação continuada do professor, vale sublinhar que o conhecimento não se constrói pautado em verdades absolutas, em receitas infalíveis, acabadas, com modelos de atuação e padrão ideal de produção de conhecimento. Enfatizamos que a educação pensada no campo dos ideais não admite o fracasso como constitutivo do humano, bem como nega os fatores afetivos e relacionais do processo de aprendizado.

Nesse sentido, questionamos os cursos de formação continuada que insistem em discutir e encontrar o *papel ideal do professor*, pois, na verdade, o que se busca são as certezas, as garantias, a linearidade a ser seguida no processo educativo. Nas palavras de Pereira (2003, p. 82), "é a tentativa teórica de caracterizar o bom professor", ou seja, um discurso produzido e fomentado pelos modelos blindados dos cursos de formação inicial e que também atravessam os cursos de formação continuada, que têm como finalidade a acumulação de teorias e regras versando sobre o papel do professor. Este modelo tende a dissociar a teoria e a prática a partir de um viés de uma racionalidade teórica enraizada em uma forte tradição acadêmica.

Diante desses equívocos, Pereira (2003) aponta que o encontro com o sujeito-aprendente é sempre um (des)encontro, condição que abala a posição ilusória de que *o ser*, pois evoca as forças do inconsciente que escapam e falham aos humanos, rompendo com o curso lógico do pensamento e dos comportamentos cotidianos. Diferentemente, as situações concebidas pelos cursos de atualização que promulgam estratégias rígidas de como ensinar e, ao mesmo tempo, estabelecem procedimentos racionais a serem seguidos pelo professor em busca do sucesso profissional e da qualidade do ensino.

Com efeito, é possível compreender que a educação, atravessada pela psicanálise, questiona as certezas dos métodos educacionais diante da imperfeição humana, fato admitido por Freud (1950 [1895]) ao atribuir às experiências infantis valor determinante na fundação do psiquismo.

Para tanto, é importante ressaltar que Freud (1900) estabelece o desamparo psíquico como elemento fundante na construção do psiquismo humano; o pai da psicanálise adverte que não somos senhores da nossa própria casa. Eis a condição humana: por mais que planejemos as nossas ações cotidianas: *algo* sempre escapa, porque o inconsciente freudiano se manifesta pelo impossível de dizer e de pensar. É ele que faz o sujeito escolher um objeto e não outro, inclusive no processo de aprender. Sendo assim, como pensar o "*papel ideal do professor*" tão discutido nos cursos de formação continuada?

Entendemos ser impossível tratar de formação continuada sem pensar nas imperfeições humanas, no mal acabamento originário do humano. Decorrente desse inacabamento, talvez seja necessário pensar que o ato educativo ocorre muitas vezes fora do planejado, do prescrito; cada educando tem seu tempo, que não deve ser negado, com vistas à universalização do processo de ensino.

Pereira (2008, p. 97) lembra que o animal humano é incompleto desde o nascimento e o que o diferencia essencialmente "dos não-homens é bem menos sua capacidade de aprender do que o quanto e que tipo específico de coisas ele tem de aprender com um Outro que possui o poder de fazê-lo funcionar". Em outras palavras, nenhuma tecnologia natural foi capaz de antecipar-se à prematuridade humana, e o que antecede o sujeito diante do seu desamparo é o Outro da linguagem que o guia, cuida e dá o direcionamento à sua precocidade para o encontro do humano – o faz pulsional.

Talvez seja no confronto com esse inacabamento humano que o educador tenha a oportunidade de reconhecer que os métodos, por si só, não lhe asseguram o sucesso do aprendizado nem tampouco a apercepção do quantitativo da produção de conhecimento dos seus educandos. Como adverte Pereira (2003), nessa profissão vive-se a ambiguidade, a incerteza, os desvios da pulsão que busca satisfação a qualquer custo e sempre esbarra nas singularidades e enigmas de cada sujeito aprendente. Nesse contexto, parece ser coerente pensar uma educação pautada nas faltas, na impossibilidade de resultados infalíveis. Essa concepção evitaria a armadilha das técnicas traduzidas como fórmulas universais que conduzem o educador à idealização do ato educativo.

Deste modo, a psicanálise nos aponta um sujeito que não responde aos ditames de um ego centrado na sua própria consciência, mas, antes de tudo, é constituído por um enigma, por uma opacidade do inconsciente que o descentra e esvazia qualquer ilusão de obter um saber de si através da ótica da razão, dado que o nosso *Eu* se constitui nas entranhas, nas mucosas, na excitação do mundo interno como afirma Martins (2007).

Sendo assim, do ponto de vista psicanalítico, somos seres imersos na cultura, *assujeitados* pelas instâncias psíquicas conscientes e inconscientes ao campo do simbólico – condição do ser para se tornar humano –. Desta maneira, modo, a configuração de sentido que se faz a cada percepção não é um fato de consciência tão somente, mas um processo constitutivo do conceito que o emerge. Portanto, cabe discutir a formação continuada, não somente como mais um componente teórico ou metodológico, mas reconhecer que a aprendizagem é uma história que coloca diante de cada um o seu saber a ser reconstruído, história esta que é complexa, onde sujeitos se confrontam sob as tramas do processo inconsciente. Dito de outra maneira, cada sujeito lida com suas dimensões cognitivas sob a égide do seu inconsciente. Assim, nesse modo particular construído no percurso de sua história pessoal que o sujeito tem acesso ao saber.

Seguindo de perto as reflexões freudianas, questionamos o rigor e a consistência das metodologias de ensino, apresentadas nos cursos de formação inicial e continuada, que de forma latente desconhecem o elemento vivo que tece as linhas e as curvas desse processo de aprendizagem – o professor. Como lembra Camargo (2006, p. 29), "a aprendizagem não pode ser assegurada por este ou aquele método de ensino, seja ele tradicional ou não". Então, cabe pensar na formação que dê uma atenção especial às demandas subjetivas.

Professor, pessoa, sujeito... um mestre?

Abordagens desse tipo nos levam a outro viés de discussão no sentido de reconhecer *o professor* como elemento-chave na produção de conhecimento. Possivelmente seja o professor que dará o *tom* – pensado indubitavelmente como estilo – na maestria do aprender. Esse estilo traduz as marcas que o professor transmite ao seu aluno na mediação de conhecimento. Para Monteiro (2005, p. 164) "sujeitos singulares, de histórias únicas; constituídos por singulares tramas de representações; como um modo próprio de negar a falta; cada professor, assim como cada aluno apresenta seu estilo".

Diante da discussão, é possível pensar que os conteúdos não atravessam o ser educando sozinho, mas acompanharão a subjetividade do professor quer ele queira, quer não, pois nenhum de nós tem 'cadeados' para *trancar* e não autorizar essas saídas subjetivas para o outro.

Segundo Pereira (2008, p. 96), isso ocorre porque "o humano tem a necessidade de educadores para nutri-lo, amá-lo, orientá-lo ou guiá-lo permanentemente, pois somos, pela própria natureza, mal-acabados e incompletos". Buscamos formas de tamponar esse inacabamento através da cultura, uma vez que a competência humana não é inata, só toma uma direção de sentido na interface com o Outro.

A aceitação dessas concepções nos permite pensar que a metodologia, as estruturas conceituais são elementos inanimados, amorfos. Vivemos sempre na demanda do 'Outro' vívido que nos eduque, que nos guie, que nos (sig)nifique, e, ilusoriamente, buscamos nele o signo que nos falta. E, nessa significação, não se trata de uma linguagem ordinária vinculada à sobrevivência natural e orgânica. Trata-se de uma ilusão necessária para a sobrevivência cultural que o Outro transmite através da linguagem.

Deste modo, cada sujeito, na sua singularidade, busca incessantemente no Outro o significante, a palavra, o saber exato de si. Pereira (2008, p. 99) aponta que "é necessário um mestre para que o artifício da transmissão seja efetuado". Nesse processo de significação, para ter sua eficácia, o método demanda a mediação de um mestre, um mensageiro da palavra. Sem a mediação da palavra, o outro supostamente não encontrará o significante, o sentido fora de si que lhe falta.

Parece ser possível pensar que é esse jogo de presença e ausência do mestre que legitima e confere o caráter simbólico ao que é transmitido; uma transmissão – para além do conteúdo – que se inscreve no outro como marca simbólica. "O transmitido é um significante, tanto da dívida do mestre pelo empréstimo parcial do que goza quanto do desejo em causa no ato educativo", afirma Pereira (2008, p. 101).

Vale a pena ressaltar que esse mestre humano que estamos evidenciando é aquele que não cria a lei, mas aquele que evoca incansavelmente a lei para o Outro, ou seja, a lei da interdição da ignorância, que, nas palavras de Pereira (2008, p. 103), será diferente do docente, pois esse "ensina a todos a mesma coisa; já o mestre anuncia a cada um uma verdade particular e, se é digno do seu trabalho, espera de cada um uma resposta singular e também uma realização". O mestre anuncia a possibilidade da revelação do seu aluno e confia nas vicissitudes humanas para além da exposição das informações afetivo-conteudistas.

Lajonquière (1999), numa perspectiva psicanalítica bem definida, propôs o conhecimento como sendo uma marca existencial ou traço identificatório que não se reduz ao mensurável, pois em todo ato educativo há uma cota de incertezas que se entrelaça com o *vir a ser* do humano. Dessa forma, esse mestre não somente ensina uma codificação; ele tatua de forma inconsciente sobre signos indeléveis, marcas que servirão mais tarde como um *suporte* também de transmissão para o outro.

Portanto, mesmo reconhecendo que os métodos contribuem para a aprendizagem, ainda se faz necessário considerar a relação professor-aluno no contexto de aprendizagem. Isso significa colocar o sujeito professor no centro dessa discussão; considerar o sujeito professor é admitir muito mais do que o indivíduo, indivisível, sem falhas, da ordem da completude. Há na constituição do sujeito elementos a mais do que um aspecto meramente individual. Segundo Macedo e Assis (2002), a etimologia da palavra *indivíduo*, de origem latina, remete ao conceito de *indivisível;* conquanto, o sujeito é sempre um sujeito do inconsciente, que necessita do outro para tecer um saber sobre suas representações e seu estar no mundo como escreve Pereira (2008, p. 63).

Pereira (*idem*) acrescenta e avança nessa discussão, advertindo que o indivíduo se configura como uma parte indivisível de um grupo; a pessoa por vezes pode ser quantificada, mensurada e o sujeito não se reduz à *estaticidade* com componentes fixos. O sujeito não se conta, não pertence ao registro dos dados, é um ser da linguagem, cindido por uma parte consciente e outra inconsciente. Para o autor, o sujeito "se define por um inevitável embate com o outro que o habita e, permanentemente, vive a busca ilusória de tornar-se o *um* (p. 127)".

Sendo assim, cabe dizer que é válido reconhecermos essas incertezas e impossibilidades da educação, uma vez que é no discurso onde há uma tentativa de o sujeito encontrar o outro, restabelecer uma ligação, mas inevitavelmente a perde porque nem sempre consegue alcançar as expectativas desse outro.

Nessa linha de raciocínio, caberia pensar como podemos chancelar os conhecimentos de outrem através de métodos e práticas de ensino? Entendemos que, por mais *eficiente* que seja o método, ele sempre esbarrará no imprevisível do sujeito, ou seja, no apreensível do inconsciente.

Os fenômenos inconscientes na formação: o avesso da adequação

Talvez, um dos grandes desafios enfrentados pelos docentes no cotidiano escolar seja suportar as impossibilidades dos métodos, das técnicas e da prática pedagógica, sobretudo, ao manter a crença da impossível adequação entre o sujeito e o objeto de estudo. Diante dessa ilusão, sustenta-se um ideal de completude e de pleno desenvolvimento cognitivo assegurado pela ação educativa e pelos métodos de ensino para contemplar o sucesso escolar. Palhares (2011) adverte que este ideal gera mal-estar que se soma ao mal-estar na civilização e exclui do sujeito a possibilidade ou a visão do profissional em relação à sua singularidade.

Vorcaro e Veras (2011, p. 174) advertem que, "o laço escolar é atravessado pelo fisgamento pulsional", pois a relação com o saber, se inscreve em relações fantasiosas de natureza psíquica diversa. Portanto, as garantias de controle do aprendizado do aluno são subvertidas pela ordem do não saber. As autoras afirmam que ao contrário do aluno interessar-se pelo programa pedagógico oferecido em uma didática preconizada, interessa pelas artimanhas que lhe permitiram operar sobre esse jogo enigmático social da aprendizagem.

Monteiro (2005, p. 16) entende que do ponto de vista da psicanálise:

> A transmissão de conhecimentos não ocorre isoladamente da transmissão de 'certo' saber, tampouco pode ser pensada alheia à transferência e, nessa perspectiva, a ideia de ensino sem efeitos (universitário ou não) não se sustenta.

Nessa perspectiva, pensar a formação docente, na perspectiva da psicanálise, nos impele a levar em conta o conceito de transferência como compreensão da constituição da subjetividade fora da relação tradicional psicanalista e paciente.

Safra (2011) considera que, ao longo da história da psicanálise, o conceito de transferência vai se lapidando, passando do campo da resistência para o lugar do acontecimento, ou seja, da fundação psíquica. Não mais entendido somente numa perspectiva representacional, negativo à análise, mas, sobretudo como um movimento anacrônico, um lugar de emergência do novo, acontecendo sempre no (des)encontro com o Outro e marcado pela experiência intersubjetiva.

Ainda para o autor citado, o fenômeno transferencial é universal, trata-se de um evento psíquico que fundamentalmente possibilita o acesso à constituição humana. Assim, sublinha a importância da figura do analista como alguém que permite uma nova experiência pelo que representa para o outro.

Ao mesmo tempo, indagamos se seria a presença acrítica do professor que estaria marcando, no ato educativo, e propiciando ao outro (aluno) criar?

Reforçando essa ideia do campo transferencial como lugar de acontecimento e da constituição do humano, Monteiro (2005) compreende que apesar das especificidades do campo analítico, a estrutura do encontro entre os sujeitos no campo educativo é a mesma da análise. "Ela ocorre quando o sujeito supõe a outro o saber sobre o desejo (a transferência)" (p. 16), pois, seja na clínica ou no processo educativo, a singularidade do encontro está acima da teoria.

Agora, Safra (2011) nos diz de um *terceiro lugar*, *um entre*, no campo transferencial que não pertence nem ao analista e nem ao analisando. Um evento constituído de encontros subjetivos e intersubjetivos em que, inevitavelmente o passado se repete, mas há emergência do inédito neste processo. Assim, apreendemos que é nesta relação que se favorecem as condições específicas para o sujeito criar; é nesse vazio do espaço transferencial que vai acontecer o aprendizado. Cabe, então, ao professor permitir ao sujeito (aluno) ser criativo, se escutar, se ouvir, numa busca conjunta de um saber (inconsciente), que o aluno não sabe que possui e busca na figura do professor.

Em Voltolini (2011) temos uma observação importante. A relação professor-aluno não deve ser pensada dentro de uma perspectiva de "*adequação*, pressupondo um ideal *daquilo que é a criança*, para encontrar aquilo que, então, deve ser o professor'" (p. 242). Isso nos leva a pensar o ato educativo como um trabalho contínuo de revelação do saber, experiência na qual o professor deve reconhecer que ele não detém a chave do conhecimento, mas que vai se constituindo no processo transferencial, como também demarcando os limites presentes no campo do aluno, do professor e do saber.

Neste sentido, Monteiro (2005, p. 148) afirma que:

> Os desejos e fantasias do educador afetam a ação educativa. Seu narcisismo pode levá-lo a não resistir à tentação de pretender modelar a criança em função de seus próprios ideais e, assim, a criança passa a ocupar o lugar do seu desejo. Reconhecida na mesma proporção em que é destituída de si mesma, cabe à criança apenas o lugar da alienação.

Dessa forma, percebemos que o professor deve se abster do conhecimento a *priori*, da pretensão de ocupar um lugar de autoridade intelectual, uma vez que "o lugar que o educador ocupa é o de semblante de saber, isto é, o lugar de Mestre, não o do dogma, mas como não todo", afirma Monteiro (2005, p. 158).

Neste âmbito, trata-se de construir uma disposição interna, uma posição subjetiva, tanto para o aluno como para o professor, receber e suportar esse lugar de produção de conhecimento pelo outro, como assegura Pechberty (2011), que "a presença real e simbólica do professor, adulto, portador de exigências, sustenta o aprendizado" (p. 67).

Assim, pensamos que a presença do professor no processo transferencial vai criar um espaço vazio como possibilidade de o aluno produzir o seu próprio conhecimento. Ainda em Pechberty (*idem*), "as situações educativas mobilizam afetos, em que se misturam as reações pessoais, os fenômenos de grupo e as relações com o saber" (p. 58). Afirma-se que o ato educativo acontece exatamente nesse des(encontro), no desarranjo psíquico que o aluno interpõe no ato transferencial.

Nesse contexto, é legítimo que as angústias do professor sejam representadas por palavras de modo que ele possa se tornar agente das possíveis mudanças e transformações no cenário educativo; como acrescenta Almeida (2000, p. 28-29), os dispositivos de formação de professores devem se apoiar:

> Na concepção de que o professor-sujeito se constitui, dinâmica e dialeticamente, como efeito de uma configuração subjetiva e de relações interpessoais e sociais tecidas ao longo de sua história de vida pessoal e de sua trajetória profissional.

De tal modo, é possível pensar que a formação docente, atravessada pelo saber psicanalítico, permita ao professor discutir os fatores subjetivos e intersubjetivos que permeiam a construção da identidade docente. Essencialmente o reconhecimento dos fenômenos inconscientes implicados nas relações educativas, "cujos efeitos subjetivos podem surpreender, posto que o inconsciente dos sujeitos, em relação, subverte a ordem, as aparências e as intenções estabelecidas, já que não se deixa capturar pelo controle da razão", como aponta Almeida (2000, p. 35). Isso provoca o ressignificar das metas idealizadas que tentam reduzir a condição estruturante dos sujeitos (professor--aluno) faltantes, a uma posição contrária de tudo poder no campo educativo.

De fato, analisar a formação continuada sob a luz da psicanálise não significa tomá-la como um parâmetro pedagógico constituído de prescrições ou regras de obediência, mas como um campo teórico que permite ao professor a compreensão da existência de processos psíquicos inconscientes no ato educativo. Justifica-se, então, a aceitação do fracasso e/ou sucesso como constitutivo desse ato, admitindo a incompletude do outro e a impossibilidade de controle na presença de um inconsciente que nos fala como um enigma.

Nessa perspectiva, abordar a formação continuada, sob a ótica psicanalítica, talvez ajude na mudança da concepção de aprendizagem e de ensino, em particular, destacando o caráter inatingível da educação, ou seja, o ineducável do sujeito – o desejo. Nesta perspectiva, retomamos com Almeida (2000), ao tratar do ato educativo no qual vários inconscientes se comunicam; não é possível controlarmos as subjetividades, os desejos dos alunos e nem dos professores.

Desse modo, privilegiando o referencial psicanalítico na análise dos problemas na formação docente, abre-se caminhos para colocar a educação e a escola contemporânea em questão, inclusive a formação docente como um campo de maior intervenção para compreender a evolução das práticas pedagógicas, enfatizando as competências subjetivas dos profissionais, questionando, os modelos e ideais pretendidos pelo paradigma tradicional hierarquizado e institucionalizado da educação que negam as identidades e subjetividades docentes.

(In)Conclusões...

Em face desta importante discussão sobre a formação docente, alcançamos uma importante reflexão, que escrever é (re)escrever, ou seja, se inscrever em um processo onde buscamos as palavras para dar sentido, ou melhor, compreender o que historicamente está marcado em nossa identidade pessoal e profissional: as nossas (in) certezas. Tudo isso que nos compõe na construção de uma pesquisa, é revisitado, circunscrevendo as nossas fragilidades, mobilizadas internamente, enfim, dando sentido às nossas elaborações e ilusões.

Temos a clareza de não haver respostas e soluções para todas as fragilidades externalizadas pelas docentes, sujeitos da pesquisa, no exercício da profissão, mas certamente existem alternativas viáveis em relação àquilo que pretendemos pesquisar, sugerir, transformar.

Sabemos ainda, que, na base da transformação, estão ancorados alguns elementos essenciais que não podemos negar, dentre outros, a lógica e a estrutura do sistema educacional brasileiro, pois essa transformação depende de investimentos e políticas públicas. Esclarecemos que o foco deste estudo não foi a análise destas questões, mas reconhecemos que elas estão presentes quanto tratamos da formação docente.

Nessa perspectiva, recorremos às palavras de Lajonquière (1999) ao afirmar que não podemos cair na ilusão pedagógica e na cegueira epistemológica de acreditar que a formação continuada seja a salvação para os problemas educacionais, enfrentados no cenário da educação brasileira. Essa visão é incauta e simplificadora, diante da multiplicidade de enfrentamentos que o docente atravessa, historicamente, na luta por uma educação de qualidade. São tantos os problemas que embotam e por vezes cerceiam a autonomia docente e que, inevitavelmente, acaba implicando na sua intencionalidade pedagógica.

Dentre outros desafios da pesquisa, os dados empíricos nos permitiram compreender que mesmo com o forte compromisso profissional dos docentes, a ilusão pedagógica discutida por Lajonquière (1999) se faz presente no cenário pedagógico, pois colocam, no curso de formação continuada, o ideal da completude; procura-se assegurar o lugar de *bom professor*, para minimizar o irredutível mal-estar da profissão.

Uma importante construção destacada nesta pesquisa pelas narrativas dos docentes foi a ineficácia dos cursos de formação que oferecem títulos, acumulam pontuações para as progressões profissionais, porém deixam um vazio, uma frustração de estarem discutindo a formação docente, somente no campo da objetividade, das técnicas e das metodologias, se esquecendo que todas essas questões se esbarram no inacabamento da condição humana.

Parece-nos que o ponto de ruptura esteja numa formação continuada pautada, apenas, na instrumentalização teórico-metodológica. Os sujeitos clamam uma travessia em busca de um saber que atribua lugar de destaque o diálogo sobre a subjetividade.

Nesse processo de estudo, constatamos que todos os docentes entrevistados buscam uma formação continuada, a qual discuta práticas transformadoras que possam dar suporte à transposição didática, com autonomia, para lidar com as especificidades dos estudantes da contemporaneidade, em todas as modalidades de ensino. Além dessa busca pela dimensão funcional, autoria e protagonismo docente no trabalho pedagógico, é clara a demanda pela dimensão subjetiva, identidade e pertencimento na e da profissão, aspectos evocados nos campos de interesses pedagógicos de cada docente e externalizados nas suas narrativas.

Por fim, é importante lembrar que os dados da pesquisa confirmaram a nossa aposta em trazer para os docentes dos diversos níveis de escolaridade e modalidades de ensino – desde a Educação Infantil ao Ensino Superior, uma temática que provoca questionamentos tanto quanto se torna um campo de pesquisa, aberto, fértil que oferece infinitas possibilidades de reflexões.

REFERÊNCIAS

ALMEIDA, Sandra Francesca Conte de. Sintomas do mal-estar na educação: subjetividade e laço social. In: II COLÓQUIO DO LUGAR DE Vida LEPSI USP/SP. São Paulo. 2000. **Anais**... São Paulo, 2000. Disponível em: <http://proceedings.scielo.br>. Acesso em: 2 jun. 2018.

BAUER, Martin; GASKELL, George. **Pesquisa qualitativa com texto, imagem e som**: um manual prático. Petrópolis: Vozes, 2008.

BRASIL. **Educação integral/educação e(m) tempo integral**: concepções e práticas na educação brasileira. Mapeamento das experiências de jornada escolar ampliada no Brasil. Texto referência para o debate nacional. Ministério da Educação – MEC, SECAD, 2009/2010 Disponível em: <http://portal.mec.gov.br>. Acesso em: 5 abr. 2010.

CAMARGO, Ana Carolina Corrêa Soares de. **Educar**: uma questão metodológica? Proposições psicanalíticas sobre o ensinar e o aprender. Petrópolis, RJ: Vozes, 2006.

FREUD, Sigmund. **A interpretação dos sonhos. Edição Standard Brasileira das Obras Psicológicas Completas de Sigmund Freud**. Rio de Janeiro: Imago, 1900.

______. **Projeto para uma psicologia científica. Edição Standard Brasileira das Obras Psicológicas Completas de Sigmund Freud**. Rio de Janeiro: Imago, 1950 [1895].

LAJONQUIÈRE, Leandro de. **Infância e ilusão (psico)pedagógica**: escritos de psicanálise e educação. Petrópolis, RJ: Vozes, 1999.

MACEDO, Lino de; ASSIS, Bernardete Amêndola de (Orgs.). **Psicanálise e Pedagogia**. São Paulo: Casa do Psicólogo, 2002.

MARTINS, Francisco. **O aparentar, o dever, o pensar e o devir**: ensaios analítico-existenciais sobre figuras exemplares do cinema e da literatura. Brasília: Universidade de Brasília, 2007.

MONTEIRO, Elisabete Aparecida. **Sobre uma especificidade do ensino da psicanálise na universidade**: a formação de educadores. Tese (Doutorado) – Universidade de São Paulo, Faculdade de Educação. São Paulo, 2005.

PALHARES, Odana. A psicopedagogia do terceiro tempo e o avesso do especialista. In: ALMEIDA, Sandra Francesca Conte de; KUPFER, Maria Cristina Machado (Orgs.). **A psicanálise e o trabalho com a criança-sujeito**: no avesso do especialista. Rio de Janeiro: Wak, 2011.

PECHBERTY, Bernard. Entre o tratamento e a formação: conflitos identificatórios na relação pedagógica. In: ALMEIDA, Sandra Francesca Conte de; KUPFER, Maria Cristina Machado (Orgs.). **A psicanálise e o trabalho com a criança-sujeito**: no avesso do especialista. Rio de Janeiro: Wak, 2011.

PEREIRA, Marcelo Ricardo. **A impostura do mestre**. Belo Horizonte, MG: Argvmentvm, 2008.

______. **O avesso do modelo**: bons professores e a psicanálise. Petrópolis, RJ: Vozes, 2003.

SAFRA, Gilberto. **Pesquisa em psicanálise. Para além da objetificação do fenômeno estudado**. Conferência proferida em 22 de março de 2006 em Brasília. Série pesquisa na área de humanidades. DVD, Vídeo. São Paulo: Sobornost, 2006.

______. Transferência: a evolução do conceito. **Aula 1**: a contribuição de Sandor Ferenczi ao estudo da transferência. CD. Áudio MP3. São Paulo: Sobornost, 2011.

VOLTOLINI, Rinaldo. Poder, impotência e impossível no discurso pedagógico. In: ALMEIDA, Sandra Francesca Conte de; KUPFER, Maria Cristina Machado (Orgs.). **A psicanálise e o trabalho com a criança-sujeito**: no avesso do especialista. Rio de Janeiro: Wak, 2011.

VORCARO, Ângela; VERAS, Viviane. O saber entre a recusa e a impotência. In: ALMEIDA, Sandra Francesca Conte de; KUPFER, Maria Cristina Machado (Orgs.). **A psicanálise e o trabalho com a criança-sujeito**: no avesso do especialista. Rio de Janeiro: Wak, 2011.

POR QUE PEDAGOGIA? UM ESTUDO ACERCA DOS SIGNIFICADOS SUBJETIVOS E SOCIAIS DO CURSO DE PEDAGOGIA PARA OS JOVENS UNIVERSITÁRIOS

Helen Tatiana dos Santos-Lima

Introdução

A partir da década de 90, em função do crescimento do número de Instituições de Ensino Superior em todo o mundo, a sociedade assistiu ao crescimento da oferta de vagas nesta modalidade de ensino e, consequentemente, ao crescimento do número de pessoas cursando a graduação.

Dados do Instituto Nacional de Estudos e Pesquisas Educacionais Anísio Teixeira (INEP) apontam para o crescimento em 96,5% do percentual do número de matrículas entre os anos de 2003 e 2014, como se pode observar no gráfico 1 (INEP, 2014a).

Gráfico 1 – Número de matrículas na educação superior

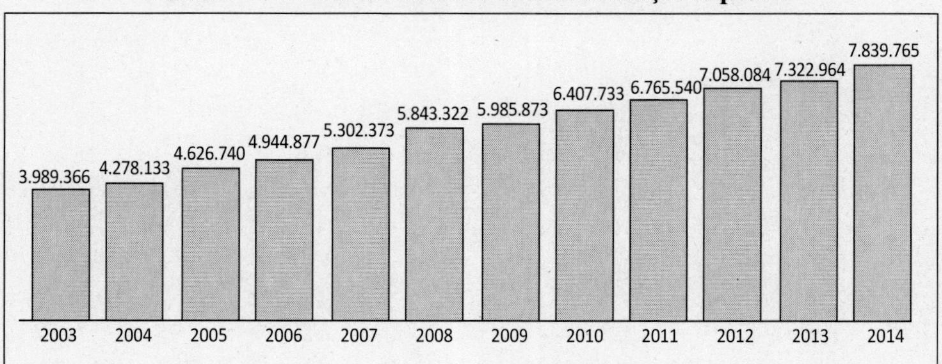

Fonte: INEP, 2014a, p. 4.

Esta ampliação, em resposta à luta pela inclusão social, pretendeu a democratização do ensino superior com vistas a formação de um sujeito social emancipado, crítico, ético, comprometido com a paz, com a defesa dos direitos humanos e com os valores de democracia e capacitado para o exercício de uma postura cidadã ativa (UNESCO, 2009).

A este respeito, Luce (2012) realça o desejo de alcançar uma educação democrática como resultado de uma luta histórica dos educadores implicados com a educação no Brasil. Esta educação democrática deve ter o objetivo de promover o desenvolvimento pleno de cidadãos críticos e capazes de atuar pela transformação social e estar fundamentada na ética e nos valores de solidariedade, liberdade, justiça social e sustentabilidade.

Entretanto, a autora pondera que esta expansão não pode seguir um curso desordenado, mas qualificado, o que demanda um reposicionamento das instituições de ensino superior consoante com a cultura e a sociedade contemporâneas.

Esta preocupação de Luce (2012) pode ser justificada quando se observa, por meio de estudos diversos na área, que o crescimento da oferta de vagas no curso superior não garantiu a pretendida democratização e transformação social, ao contrário, tem servido à reprodução das mesmas condições sociais de exclusão social e alienação (VASCONCELOS; GOMES, 2016).

A exemplo, no Brasil, é notória a desigualdade de gênero quando se fala em acesso à educação superior, assim como de jovens provenientes das camadas mais baixas da população. Ainda, as avaliações formais indicam a disparidade na qualidade educacional entre as instituições, em especial entre as instituições privadas (UNESCO, 2017). Este último dado é significativo para pensar o objetivo que se pretende com a formação em nível superior, haja vista que, as instituições privadas são as que detêm 87,4% do total de alunos desta modalidade de ensino, conforme ilustra o gráfico 2 (INEP, 2014a).

Gráfico 2 – Percentual de instituições de educação superior por categoria administrativa

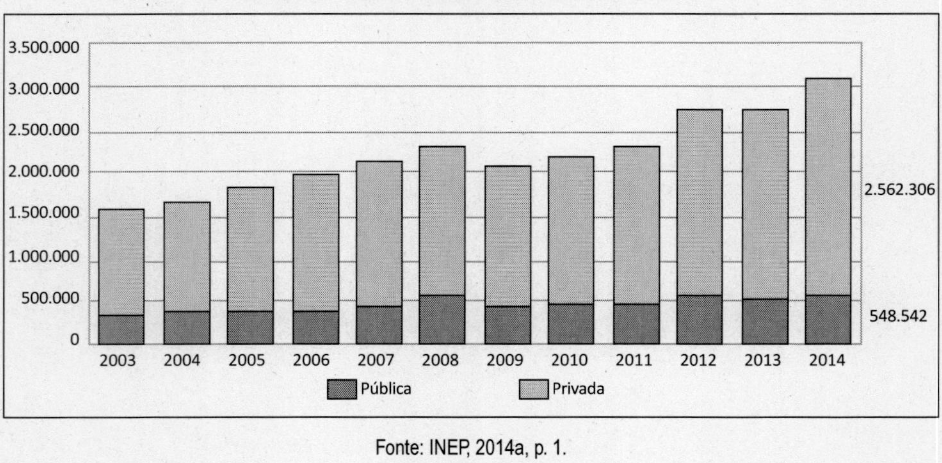

Fonte: INEP, 2014a, p. 1.

Esta realidade apontada pelos dados da UNESCO e INEP merece atenção, pois, assim como nos aponta Bourdieu (2013), pode-se, com isto, (re) criar uma realidade que, mantém a exclusividade do capital cultural às classes sociais mais favorecidas, dinâmica a qual, historicamente, caracterizou o acesso à escolarização. Com isso, tem-se uma realidade disfarçada na qual, todos tem acesso à educação, mas a educação é ainda reservada a poucos.

Mancebo, Valle e Martins (2015) endossam essa discussão realçando que embora a expansão do ensino superior tenha ampliado o acesso da população a este nível de ensino, o rebote deste processo pode desencadear alguns efeitos perversos, particularmente no que tange ao perfil dos cursos e das carreiras criados pelas instituições privadas. Isso porque esta expansão sofre influência direta de demandas mercadológicas, valendo-se dos interesses da burguesia, de um setor que está mais preocupado com a valorização de seu capital e com a venda de serviços educacionais.

Acresce Bourdieu (2013) que, no caso das classes mais desprovidas social e culturalmente, este acesso não pode se dar sem que haja uma desvalorização econômica e simbólica do diploma pretendido, levando a hierarquização de carreiras em função do *status quo* daqueles que as ocupam.

A este respeito, observemos os dados do IPEA (2015) apresentados no gráfico 3 sobre a preferência de cursos entre os ingressantes. Os cursos de bacharelado são os mais procurados, porém os cursos de tecnólogo têm crescido ao longo dos últimos anos, chegando a aproximar-se dos números relacionados aos cursos de licenciatura.

Gráfico 3 – Número de matrículas em cursos de graduação, por grau acadêmico

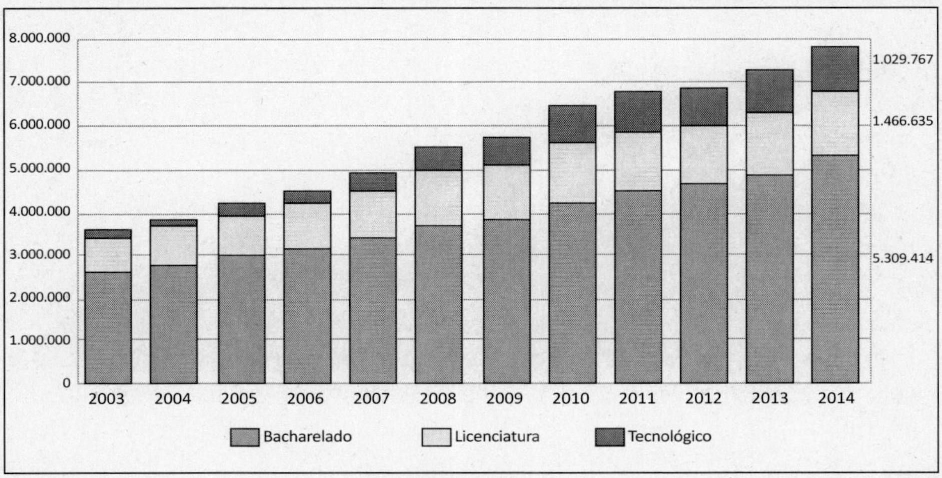

Fonte: INEP, 2014a, p. 7.

Partindo da perspectiva apontada por Bourdieu (2013) e analisando os dados acima, questionamos: teriam sido os cursos de licenciatura aqueles eleitos para ocuparem o local de desvalorização social e econômica como forma de dar acesso ao ensino superior aos que estão marginalizados e excluídos socialmente?

Sobre isso, Louzano et al. (2010) afirmam que, no Brasil, os alunos com baixo rendimento acadêmico ao longo da escolarização e com perfil socioeconômico mais baixo são aqueles que compõem o público dos cursos de formação de professores. Eles apontam que os fatores atrativos para a carreira docente são a flexibilidade, férias, altruísmo e a baixa taxa de desemprego. Há, ainda, evidências empíricas que indicam os incentivos financeiros como sendo a principal motivação para a escolha profissional.

Estes são dados preocupantes, pois denunciam que a pretensão de emancipação cidadã e inclusão social dos diferentes sujeitos por meio do ensino superior podem estar longe de serem alcançadas. Isso porque, aqueles que histórica e socialmente foram marginalizados, especialmente em função das condições de pobreza, continuam a ocupar espaços sociais igualmente desvalorizados e marcados pela condição econômica fragilizada. Com isso, a experiência do fracasso e da exclusão é reeditada, mas, desta vez, com um efeito mais estigmatizante e devastador (BOURDIEU, 2013).

Mas como alcançar este objetivo, quando, na verdade, o sistema que deveria incluir, mantém, de forma direta ou indireta, as condições sociais que sustentam os processos de exclusão?

Nos últimos anos, diferentes países, reconhecendo as disparidades existentes e preocupados com a necessidade de mudanças nos sistemas e instituições de ensino superior, tem empenhando esforços para debater as possibilidades de promover modificações em seus sistemas de ensino e pesquisa na educação superior, com vistas a desenvolver formas diversas e inovadoras de aprendizagem, produção, gestão e aplicação do conhecimento. Esta iniciativa revela a preocupação com o desenvolvimento de mecanismos, que efetivamente promovam a equidade e a inclusão social no ensino superior, sem, com isso, perder a qualidade na formação do alunado (SPELLER; ROBL; MENEGHEL, 2012; UNESCO, 2009).

Estando, portanto, há quase uma década da Conferência Mundial de Ensino Superior, que estabeleceu um acordo entre os Estados Membros, com vistas ao desenvolvimento de políticas e estratégias em níveis de sistema e institucional para o ensino superior, para torná-lo acessível e igualmente inclusivo, nos inquieta saber se nos cursos de licenciatura já encontramos uma realidade diferente daquela apresentada por diversos autores em estudos realizados com esta população. Já evoluímos no sentido de permitir um sistema de ensino mais includente? Na Pedagogia, por se tratar de um curso de licenciatura, estigmatizado conforme os estudos, mas que ocupa a terceira posição na escolha dos vestibulandos (INEP, 2014a) e que forma profissionais com o objetivo, dentre outros, de serem agentes de transformação e inclusão social, já temos alcançado mudanças?

Assim, nossa investigação, que será a seguir apresentada, se delineou com a intenção investigar o significado do ensino superior para os jovens estudantes universitários de um curso de Pedagogia e sua relação com o rompimento com as experiências de desigualdade e exclusão social.

Metodologia

Este estudo buscou identificar o significado do ensino superior para os jovens estudantes universitários do curso de Pedagogia e sua relação com o rompimento com as experiências de desigualdade e exclusão social. Para tanto, adotou-se uma metodologia de enfoque quantitativo, uma vez que, a intenção desta investigação foi uma análise mais objetiva da realidade pesquisada (HERNÁNDEZ SAMPIERI; FERNÁNDEZ COLLADO; BAPTISTA LÚCIO, 2013).

É uma pesquisa que, por seu objetivo, se organizou em uma perspectiva descritiva, uma vez que se, pretendeu o conhecimento do perfil dos estudantes universitários do curso de Licenciatura em Pedagogia e os seus significados acerca do curso superior para sua vida pessoal e profissional, assim como explicam Hernández Sampieri, Fernández Collado e Baptista Lúcio (2013).

A pesquisa foi realizada em um Centro Universitário privado de Brasília, envolvendo 23 estudantes do curso de Pedagogia. Optou-se pela Licenciatura em Pedagogia em função da análise dos resultados divulgados pelo Censo da Educação Superior que aponta, dentre outras questões, a prevalência de escolha dos ingressantes universitários pelos cursos de bacharelado em detrimento das licenciaturas. Do mesmo modo, há um predomínio de concluintes dos cursos de graduação em grau de bacharel (INEP, 2014a).

Ainda, a escolha por uma instituição privada se justifica porque os graduandos de licenciatura concentram-se, em sua maioria, nas universidades públicas, ficando as privadas com o perfil majoritário de alunos nos cursos de bacharelado e tecnólogos (INEP, 2014a).

Para a composição da amostra, foram estabelecidos três critérios. Em primeiro lugar, optou-se pelos alunos concluintes do curso de Licenciatura em Pedagogia. Para caracterizar o perfil do concluinte, delineou-se o último ano do curso, ou seja, alunos do 7º e 8º semestres. O segundo critério foi a voluntariedade de participação na pesquisa. Por fim, o terceiro critério que definiu a amostra se relaciona ao turno de curso. Optou-se pelo noturno, considerando que, este é o turno que concentra maior parte dos estudantes das licenciaturas na instituição pesquisada.

Dessa forma, o quadro abaixo caracteriza a amostra da pesquisa:

Quadro 1 – Participantes da Pesquisa

Campo da Pesquisa		Participantes		
Local	Curso	Semestre	Número	Total
Centro Universitário	Pedagogia	7º	12	23
		8º	11	

Fonte: Elaboração da autora.

Para a construção dos dados, optou-se pelo questionário, especialmente pela sua característica de não exposição do participante à influência de opiniões de outros sujeitos da pesquisa (GIL, 1999).

A análise dos dados foi realizada a partir de escalas nominais, as quais são meramente classificativas e visam a descrição das unidades de análise. Esta forma de análise se caracteriza por atribuir as características do objeto pesquisado, classificando-o em categorias e contabilizando a frequência de ocorrência (HERNÁNDEZ SAMPIERI; FERNÁNDEZ COLLADO; BAPTISTA LÚCIO, 2013).

As unidades de análise utilizadas para compreender e interpretar os dados construídos foram: perfil do aluno, os significados do curso de Pedagogia para os graduandos e o modelo de ensino da instituição, os quais serão apresentados a seguir.

Resultados e discussão

A discussão dos resultados foi realizada a partir das unidades de análise estabelecidas para a construção dos dados, a qual será apresentada a seguir.

a) Perfil dos alunos

Dos participantes da pesquisa, 91,3% é do sexo feminino e tem idade entre 21 a 30 anos. Destes, apenas 4 possuem acima de 30 anos, perfazendo o percentual de 82,6% dos alunos participantes. Nos últimos 3 anos, percebemos uma diferença importante neste perfil no tocante à idade. Embora a predominância do público feminino se mantenha (93,7%), de acordo com último relatório de desempenho do ENADE (INEP, 2014b), apenas 43,8% tinham idades até os 29 anos, o segundo perfil etário mais populoso é o de estudantes acima de 35 anos, ou seja, 37,7% dos alunos.

A região de origem da maioria é a centro-oeste, destacando-se o DF como unidade federativa de origem em todos os casos, sendo seguida por Norte e Nordeste. No entanto, somados os números das regiões norte e nordeste, temos a maior parte dos estudantes. Com isso, tem-se aqui duas realidades opostas, as regiões com maior e menor IDH do país, conforme dados do Radar IDHM (IPEA, 2015).

A indicação da renda per capta da família é um dado que vem reforçar ainda mais a característica de fragilidade socioeconômica deste público pesquisado. Dentre as participantes, 65,2% fazem parte de uma família cuja renda *per capta* é de até 3 salários. Este dado mostra que não houve mudança no perfil econômico dos estudantes do curso, uma vez que no último relatório de desempenho do ENADE, constata-se que 64,8% dos alunos de Pedagogia vivem em famílias, cuja renda *per capta* está entre 1 e três salários mínimos (INEP, 2014b).

No que se refere aos registros de escolarização, 82,6% são egressos da escola pública. Esta realidade não difere significativamente daquela encontrada em 2014, quando 83,3% dos estudantes indicaram que cursaram o ensino médio em escola pública (INEP, 2014b).

Estes dados reforçam o entendimento acerca da condição de vulnerabilidade econômica destes estudantes, pois, ao cruzarmos as variáveis região de origem e escola de origem, constatamos que, mesmo na região de maior IDH, os participantes da pesquisa estão entre a parcela populacional com baixa renda.

Esta tese é corroborada por outra evidência no perfil destes estudantes. Ao analisar a história de escolarização dos pais, constata-se que um terço deles são o primeiro membro familiar a concluir o nível superior. Em 2014, apenas 5,5% dos pais dos estudantes possuíam formação em nível superior, enquanto as mães perfaziam o percentual de 5,2% (INEP, 2014b).

Estes dados são importantes para pensarmos as condições de exclusão social tão apontadas pelos autores quando se fala da possibilidade de emancipação e inclusão social, que se pretende com os cursos de graduação.

Verificamos que parcela significativa destes alunos são provenientes de regiões e famílias marcadas por condições de vulnerabilidade socioeconômica, o que pode levá-los a depositar no curso superior a expectativa de uma mudança em seu padrão de vida e ascensão econômica.

Não alcançar esta expectativa pode gerar uma frustração intensa nestes sujeitos que, marcados pela condição de pobreza e exclusão, viram o espaço do ensino superior como a "terra prometida", que traduz as promessas de um amanhã mais promissor (BOURDIEU, 2013).

Estes dados apontam para a necessidade de as instituições de ensino superior desenvolverem propostas de ensino que ultrapassem a dimensão da informação e alcancem a formação humana, com vistas a oportunizar a inclusão e a transformação social, o que só é possível por meio de uma organização do trabalho pedagógico sustentada em uma pedagogia dialógica (VASCONCELOS; GOMES, 2016).

De acordo com Freire (2011), a educação libertária que emancipa o sujeito e o torna protagonista de sua própria história só pode ser realizada por meio do diálogo, pois a palavra implica reflexão e esta se converte em ação.

Somente por meio do diálogo se pode aproximar os conhecimentos teóricos e práticos e colocar professor e alunos em pronunciamento recíproco. Nesta perspectiva, não se transfere saberes, mas constrói-se saberes (FREIRE, 2011; VASCONCELOS; GOMES, 2016). Assim sendo, todo professor no uso da palavra e da linguagem, em sua atuação deve professar, confessar, ensinar, lançando a fala na enunciação à palavra, que por sua vez, faz parte da construção civilizatório, visto que, que é por excelência é a ferramenta principal na educação (LAJONQUIÈRE, 2011).

Para tanto, se faz necessária a consideração da origem social dos estudantes e suas experiências escolares anteriores, de modo que, as práticas sejam responsivas às demandas e realidades discentes.

Este é, portanto, o princípio e, ao mesmo tempo, o caminho da democratização do ensino superior pretendida pela UNESCO. As instituições não podem democratizar sem, antes, dialogar.

b) Os significados do curso de Pedagogia para os graduandos

Se temos um perfil de aluno cuja origem está marcada pela opressão social, econômica, política e cultural, compreender os significados que o curso de graduação assume para ele é relevante, até para que se possa buscar estratégias pedagógicas, que sejam consoantes com suas motivações intrínsecas e lhe sirvam como um ativador para o desenvolvimento de posturas acadêmicas favorecedoras de sua formação profissional e emancipação social.

Assim, o que os dados nos mostram é que cursar o ensino superior é uma oportunidade de ascensão profissional que eles desejam para suas vidas, como podemos observar no Gráfico 4.

Gráfico 4 – Significado da graduação

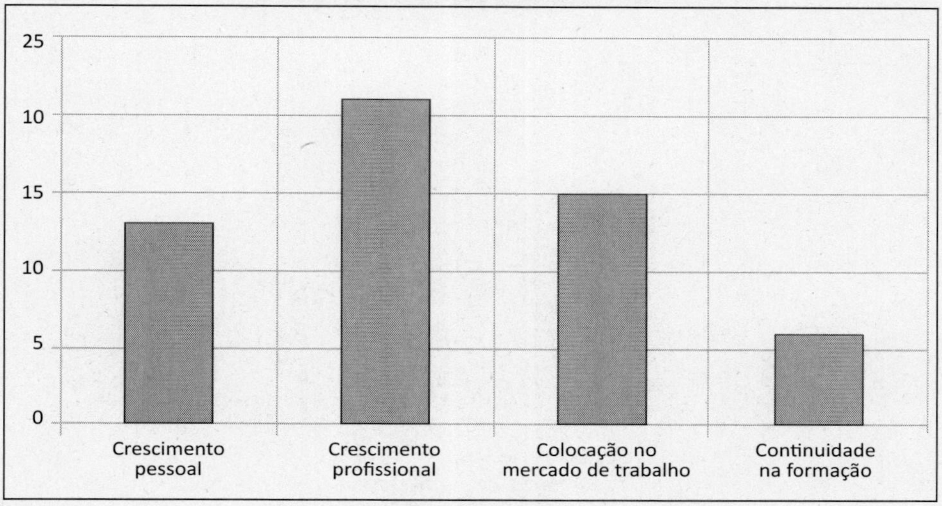

Fonte: Elaboração da autora.

Este dado, quando analisado comparativamente ao perfil dos estudantes, no que toca às suas condições socioeconômicas, pode apontar uma iniciativa dos estudantes de rompimento com um *status quo* de exclusão e marginalização que experimentaram ao longo de suas vidas. Estar no ensino superior pode dar a eles a oportunidade de uma colocação no mercado de trabalho com melhor valorização social e econômica ou pode significar o rompimento com uma cultura de subescolarização a qual fora imposta à população pobre ao longo da história.

Entendendo, portanto, que o curso superior pode significar o possível rompimento com uma condição de exclusão, vale buscar compreender se a escolha pelo curso de licenciatura segue na direção apontada pelos autores de ser aquela mais acessível do ponto de vista econômico, haja vista, tratar-se de uma população com baixa renda per capta.

A este respeito, nota-se que, antes de uma escolha delineada pelas condições socioeconômicas, tem-se uma motivação subjetiva marcada pelo significado que a profissão e a educação assume para os estudantes.

Gráfico 5 – Motivação para a escolha do curso

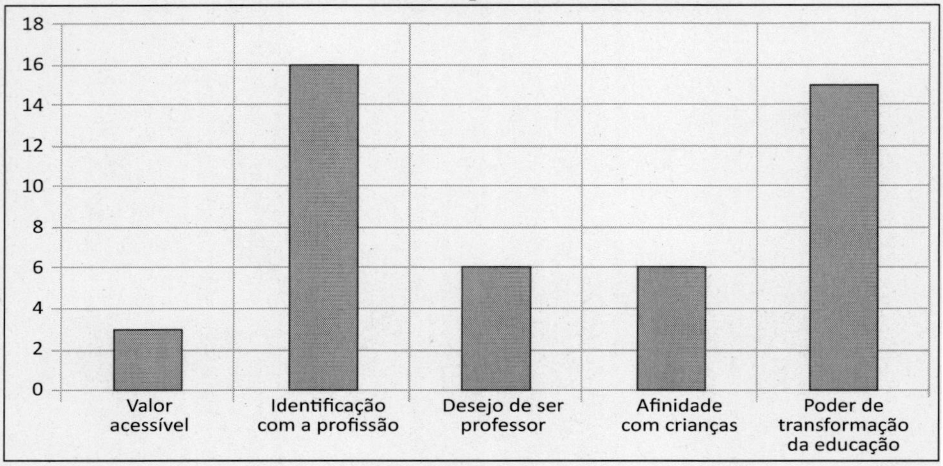

Fonte: Elaboração da autora.

Na verdade, a acessibilidade financeira é o elemento de menor relevância no momento da escolha profissional do grupo estudado. A identificação com a profissão e os aspectos relacionados à caracterização e rotina da profissão assumem destaque nesta análise.

Contudo, nos chama atenção a motivação provocada pelo poder que, ao serem professores, poderão assumir para transformar a realidade social. Este é o objetivo maior da educação, conforme preconiza Freire (2011), uma educação dialógica libertária, que promova o rompimento de práticas de opressão. Este é o objetivo da democratização do ensino superior, transformar para incluir os excluídos.

Mas, também podemos entender que, se analisarmos os dados apresentados no gráfico 5 à luz do perfil destes estudantes, talvez, possamos entender que este desejo de transformação possa estar intimamente relacionado com a própria vida. Esta transformação pretendida é, antes, uma transformação de si para, em seguida, dar a outros em condições de vida similares, a oportunidade de serem transformados e, consequentemente, de se libertarem das amarras da opressão.

Em face disto, resta-nos procurar entender se o curso permitiu as mudanças as quais subjetivamente estes alunos esperavam.

Analisando os dados do gráfico 6, percebemos que o curso de Pedagogia impactou a vida dos graduandos, oportunizando mudanças nas diferentes esferas do desenvolvimento. Estas mudanças coadunam-se com os interesses iniciais que os fizeram buscar o curso superior, em especial a Pedagogia. Tanto tiveram a oportunidade de crescimento profissional, com melhor colocação no mercado de trabalho e aumento da renda familiar, quanto puderam experimentar mudanças subjetivas a partir dos conhecimentos que construíram ao longo do curso.

Gráfico 6 – Mudanças oportunizadas pelo curso superior

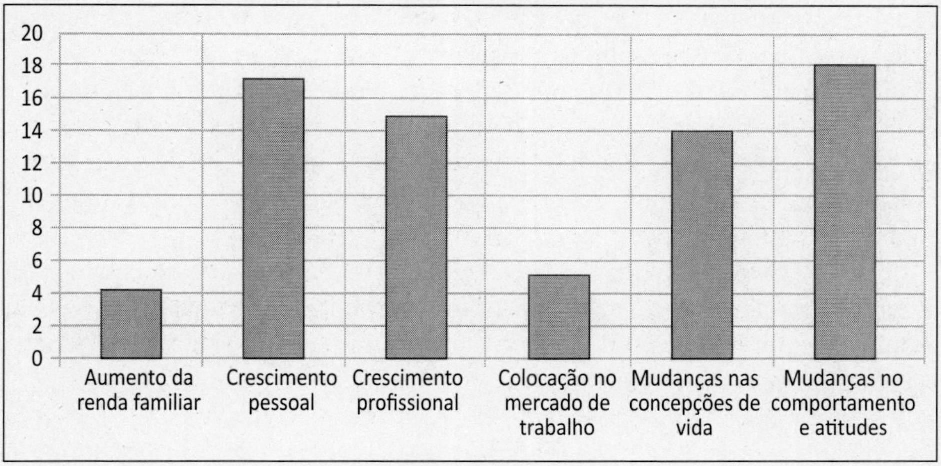

Fonte: Elaboração da autora.

Vale ressaltar que, embora a mudança na condição econômica apareça como uma variável neste contexto de transformações oportunizadas pelo acesso ao curso superior, esta não é a principal mudança por ele provocada, de acordo com as participantes. Os impactos e mudanças subjetivas e comportamentais são aqueles que mais se sobressaem nesta investigação. Este dado é importante pois podemos, a partir dele, denotar que a instituição de ensino superior está caminhando para a organização de um trabalho pedagógico preocupado com a inclusão destes sujeitos, tal como, preconiza os diferentes autores e documentos aqui apresentados.

Antes de uma perspectiva informativa, podemos pensar que a instituição está primando pela perspectiva formativa, tal como defendem Vasconcelos e Gomes (2016), haja vista que, as mudanças atitudinais são as mais evidenciadas aqui.

A partir destes dados, pode-se inferir sobre as práticas desenvolvidas neste espaço de formação. Se a ação e transformação do sujeito e do meio social somente são oportunizadas por meio da reflexão, a qual, por sua vez é promovida por meio de uma prática dialógica, tal como defende Freire (2011), estaria esta instituição desenvolvendo um trabalho pedagógico pautado na perspectiva libertadora e dialógica?

Vale, portanto, investigar as práticas desta instituição, assunto o qual será abordado a seguir.

c) O modelo de ensino da instituição

Os alunos pesquisados indicaram uma mudança de concepções e atitudes oportunizadas a partir da formação em nível superior. Em face disto, interessa-nos compreender a dinâmica pedagógica desta instituição para buscarmos encontrar possíveis justificativas para esta realidade, uma vez que, ela diverge de tantas outras realidades que ainda recebem, mas não incluem; informam, mas não transformam, assim como relatam Vasconcelos e Gomes (2016).

Partindo do suporto que uma educação educadora libertadora e transformadora se alicerça em uma prática dialógica, buscamos verificar se esta prática está presente na instituição pesquisada, uma vez que, conforme nos mostra o gráfico 6, os alunos têm experienciado mudanças na esfera subjetiva a partir da experiência de formação.

Dentre os participantes, 82,6% mencionam que eles são incentivados a assumirem uma postura participativa nas aulas ao longo de todo o curso. Aqui assumimos a concepção de que participar significa atuar, dialogar, refletir acerca do objeto do conhecimento.

Esta perspectiva é congruente com a proposta de Freire (2011) acerca da educação libertadora. Para o autor, a educação só pode ser libertadora se o sujeito é estimulado à ação, a qual leva à reflexão. A reflexão, por sua vez, é condição *sine qua non* para as práticas de transformação.

Assim, a instituição já assume um dos principais princípios para uma educação libertadora, o que justificaria a transformação acima exposta. Mas, nos interessa aprofundar um pouco mais na reflexão acerca desta realidade. Como seria esta participação do alunado? De que forma os docentes desta instituição tem desenvolvido suas práticas em sala de aula?

Os dados apresentados no gráfico 7 reforçam a leitura de que esta instituição caminha rumo a uma educação libertadora, pois, valoriza as práticas de reflexão, diálogo, crítica e trocas entre alunos e professores.

Gráfico 7 – Práticas pedagógicas

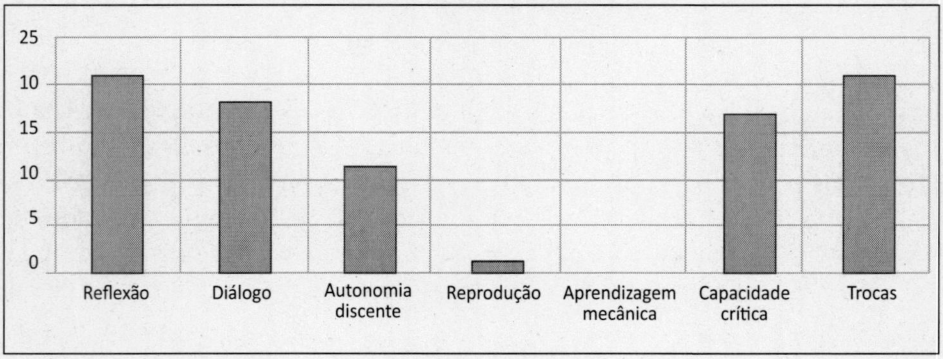

Fonte: Elaboração da autora.

Os dados mostram que, embora parte significativa dos alunos não percebam, esta instituição valoriza e promove a autonomia discente. Isso porque a emancipação do sujeito, conforme Freire (2011), só acontece por meio da reflexão, do exercício da crítica e do diálogo. A perspectiva dialógica, então, oportuniza a troca de conhecimentos e experiências e a formação e não somente a informação, a transmissão e reprodução de saberes.

Ainda, se pensamos a educação e a formação profissional a partir dos Pilares propostos pela UNESCO para o século XI (DELOURS et al., 1998), vale pensar, inclusive, os espaços em que esta formação ocorre. Assim, a valorização de atividades complementares ao currículo é uma oportunidade de formação inovadora, pois visam "estimular práticas de estudo independente, visando uma progressiva autonomia profissional e intelectual do aluno" (BRASIL, 2008, p. 35).

Com isso, buscamos compreender como este espaço tem se constituído na instituição pesquisada. Dos participantes, 86,9% relatam que a faculdade oferta atividades de formação complementar sempre ou muitas vezes. No entanto, estas podem ser melhor aproveitadas pelos graduandos no sentido de participar com maior frequência das mesmas, como se pode observar no gráfico 8.

Gráfico 8 – Participação nas atividades complementares

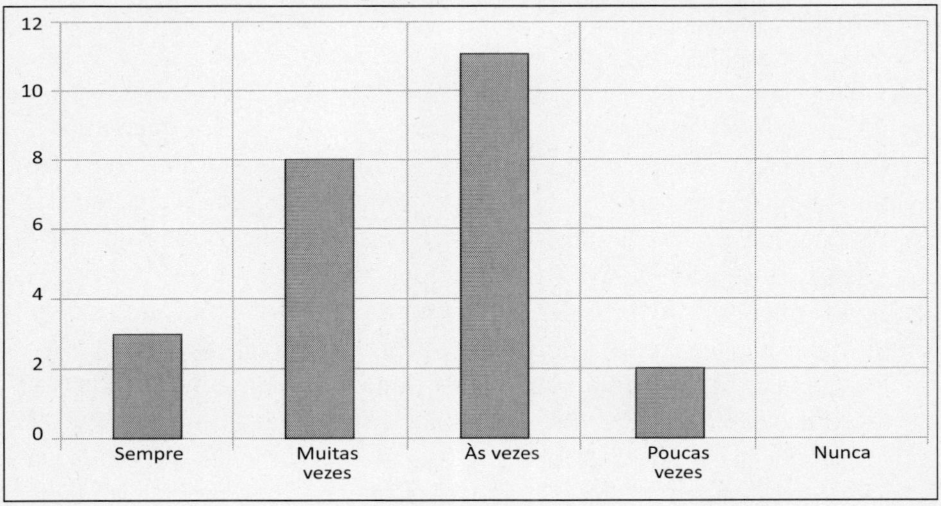

Fonte: Elaboração da autora.

Desta realidade, o que podemos apreender é que a instituição pesquisada tem demonstrado, por meio de suas práticas, uma preocupação em ofertar uma educação superior que possa, com efetividade, promover a inclusão social de seus alunos e, com isso, cumprir o ideal de democratização do ensino superior.

Considerações finais

Nota-se que o curso de Pedagogia ainda acolhe alunos provenientes de classes mais desfavorecidas social e economicamente, cujas oportunidades de acesso à cultura e ao conhecimento, por vezes, lhes fora cerceada.

Cursar o ensino superior constitui-se para os alunos pesquisados, muitas vezes, a única oportunidade de emancipação e inclusão social, pela abertura à possibilidade de alcançar uma melhor colocação no mercado de trabalho pelo crescimento profissional que lhe é oportunizado no processo educativo. A Pedagogia, em especial, assume o significado de ser o meio para a transformação de uma sociedade que ainda oprime e exclui os menos favorecidos e marginalizados, porque representa o ideal da Educação.

Para os participantes, o curso superior não somente se apresentou como uma promessa de mudança, mas alcançou resultados efetivos, haja vista, que muitos mencionaram sua recolocação no mercado de trabalho, com melhores salários. Mais que isso, a eles a principal transformação provocada pelo curso superior está relacionada com a mudança de concepções e posturas enquanto sujeito social, fato o qual, está diretamente implicado com uma mudança em sua participação na sociedade.

Tal constatação convoca as instituições de ensino superior à uma reflexão sobre sua prática pedagógica, para que os processos de transmissão de conhecimentos sejam substituídos por uma prática dialógica que permita o desenvolvimento de uma postura crítico-reflexiva destes alunos, com maior autonomia e participação ativa em seu próprio processo de aprendizagem.

Isto porque não ofertar um espaço promotor da emancipação e autonomia, com vistas a formação de um sujeito social participativo e cidadão, pode se configurar para estes jovens como a perca dos sonhos e expectativas de um futuro social transformado, com menos opressão e exclusão.

Esta parece ser a postura adotada na instituição pesquisada, quando constatamos que o curso superior lhes oportunizou uma mudança de concepções e atitudes. Associamos esta transformação a *práxis* institucional, que é caracterizada pelos graduandos como dialógica, reflexiva e pautada na troca de saberes.

Com estes dados, ilustramos a perspectiva dialógica de Freire (2011) que é apresentada como o caminho para a educação libertadora e para a emancipação do alunado.

Deixamos, portanto, um convite à reflexão sobre a necessidade de transformação das práticas pedagógicas no contexto da educação superior, no sentido de abandonar tendências tradicionais que primam pela reprodução de saberes para inovar em busca de novas e diversificadas estratégias de ensino e aprendizagem que possam valorizar a cultura do diálogo e colocar o aluno em ação no campo da construção de seus saberes.

No entanto, destacamos que este estudo foi uma inserção experimental e quantitativa que se aventurou por conhecer uma realidade ainda muito circunscrita. Faz-se, portanto, necessário um maior aprofundamento no que se relaciona a compreensão da dinâmica pedagógica desta instituição pesquisada. É necessário desenvolver uma análise mais profunda que alcance a complexidade deste contexto, com a finalidade de compreender as especificidades que levam esta instituição a apresentar um panorama tão distinto de estudos similares já realizados na área.

REFERÊNCIAS

BOURDIEU, Pierre. **Escritos em Educação**. Petrópolis, RJ: Vozes, 2013.

BRASIL. **Diretrizes Curriculares para os Cursos de Graduação**. 2008. Disponível em: <http://portal.mec.gov.br/index.php?option=com_docman&view=download&alias=6545-pces583-01&category_slug=agosto-2010-pdf&Itemid=30192>. Acesso em: 21 jun. 2017.

DELOURS, Jacques et al. **Educação um tesouro a descobrir**: relatório para a UNESCO da Comissão Internacional sobre Educação para o século XXI. São Paulo: Cortez; Unesco do Brasil, 1998.

FREIRE, Paulo. **Pedagogia do Oprimido**. 5. ed. São Paulo: Paz e Terra, 2013.

GIL, Antonio Carlos. **Métodos e técnicas de Pesquisa Social**. 5. ed. São Paulo: Atlas, 1999.

HERNÁNDEZ SAMPIERI, ROBERTO; COLLADO, Fernández Carlos; BAPTISTA LUCIO, María del Pilar. **Metodologia de Pesquisa**. 5. ed. Porto Alegre: Penso, 2013.

INEP. **Censo da Educação Superior 2014 – Notas Estatísticas**. 2014a. Disponível em: <http://download.inep.gov.br/educacao_superior/censo_superior/documentos/2015/notas_sobre_o_censo_da_educacao_superior_2014.pdf>. Acesso em: 1º jun. 2017.

______. Ministério da Educação. **ENADE 2014. Exame Nacional de Desempenho dos estudantes. Relatório de área – Pedagogia – Licenciatura**. 2014. INEP/MEC: Brasília, 2014b.

IPEA Radar IDHM. 2015. Disponível em: <http://www.atlasbrasil.org.br/2013/pt/radar-idhm/>. Acesso em: 1º jun. 2017.

LOUZANO, Paula; ROCHA, Valéria; MORICONI, Gabriela Miranda; Oliveira, Romualdo Portela de Quem quer ser professor? Atratividade, seleção e formação docente no Brasil. **Est. Aval. Educ.**, São Paulo, v. 21, n. 47, p. 543-568, set./dez. 2010

LAJONQUIÈRE L. A Mestria da Palavra e a Formação de Professores. **Educação e Realidade**, Porto Alegre, v. 36, n. 3, p. 849-865, set./dez.

2011. Disponível em: <http://www.ufrgs.br/edu_realidade>. Acesso em: 6 jun. 2017.

LUCE, Maria Beatriz. Educação superior: expansão qualificada Expansão qualificada: duas perspectivas sobre os desafios na educação superior brasileira na próxima década. In: SPELLER, Paulo; ROBL, Fabiane; MENEGHEL, Stela Maria (Orgs.). **Desafios e perspectivas da educação superior brasileira para a próxima década**. Brasília: UNESCO, CNE, MEC, 2012. p. 127-154.

MANCEBO, Deise; VALLE, Andreia Araújo do; MARTINS, Tânia Barbosa. Políticas de expansão da educação superior no Brasil 1995-2010. **Revista Brasileira de Educação**, São Paulo, v. 20, n. 60, p. 31-50, jan./mar. 2015. Disponível em: <http://www.scielo.br/pdf/rbedu/v20n60/1413-2478-rbedu-20-60-0031.pdf>. Acesso em: 20 maio 2017.

SPELLER, Paulo; ROBL, Fabiane; MENEGHEL, Stela Maria (Orgs.). **Desafios e perspectivas da educação superior brasileira para a próxima década**. Brasília: UNESCO, CNE, MEC, 2012.

UNESCO. **Conferência Mundial sobre Ensino Superior 2009**: As Novas Dinâmicas do Ensino Superior e Pesquisas para a Mudança e o Desenvolvimento Social. 2009. Disponível em: <http://portal.mec.gov.br/index.php?option=com_docman&view=download&alias=2722-cmes-unesco-comunicadofinal-paris-2009&category_slug=janeiro-2010-pdf&Itemid=30192>. Acesso em: 18 jun. 2017.

______. **Educação Superior no Brasil**. 2017. Disponível em: <http://www.unesco.org/new/pt/brasilia/education/educational-quality/higher-education/>. Acesso em: 21 jun. 2017.

VASCONCELOS, Ivar César Oliveira de; GOMES, Candido Alberto Gomes. Pedagogia dialógica para democratizar a educação superior. **Ensaio – Avaliação e Políticas Públicas em Educação**, Rio de Janeiro, v. 24, n. 92, p. 579-608, jul./set. 2016. Disponível em: <http://www.scielo.br/pdf/ensaio/v24n92/1809-4465-ensaio-24-92-0579.pdf>. Acesso em: 20 maio 2017.

A PASSAGEM AO ATO NA ADOLESCÊNCIA: um estudo a partir da categoria de gênero

Helen Tatiana dos Santos-Lima
Ivar César Oliveira de Vasconcelos

Introdução

Nos últimos anos, presencia-se um aumento significativo de casos de violência, que se espalham pelos diversos espaços sociais, entre vítimas e protagonistas. Tratando-se de adolescentes, a figura do agente autor aparece com maior incidência. Segundo a Secretaria de Direitos Humanos da Presidência da República, em seus dados do Levantamento Anual dos/das Adolescentes em Cumprimento de Medida Socioeducativa, verifica-se a maior quantidade de adolescentes em cumprimento de medidas socioeducativas a partir de 2010 (BRASIL, 2010, 2017).

Diversos trabalhos têm sido desenvolvidos para se compreender essa realidade, em particular, para encontrar alternativas de prevenção e intervenção quanto ao envolvimento de jovens nessas situações de conflito com a lei (NARDI; DELL'AGLIO, 2012). No entanto, o problema recrudesce, exigindo mais estudos, especialmente, quando se constata que, entre os adolescentes infratores, cresce o número de meninas envolvidas como autoras dos atos.

No cenário nacional, destaca-se que há uma invisibilidade da figura feminina enquanto sujeito investigado, uma vez que ainda há um número limitado de estudos que discutam, em maior complexidade, a problemática a partir de sua condição de gênero (CARRINGTON, 2013; DUARTE; CARVALHO, 2013; MATOS, 2008). Tal invisibilidade tem sido justificada em função do ideário de gênero acerca da figura feminina que retrata a mulher a partir de uma fragilidade e vulnerabilidade, sendo, na maior parte das vezes, vítima e não protagonista dos atos de violência e criminalidade. Quando chega a protagonizar alguma violência, seu desvio tende a ser justificado por discursos biologizadores, sexualizadores, patologizadores e masculinizadores. Como consequência, esses discursos passam a caracterizar o ato como um caso excepcional, sem constituí-lo como um problema de ordem social, colocando a mulher encarcerada em dupla condição de invisibilidade: alguém que está institucionalizada e/ou meramente uma mulher (ESPINOZA, 2004).

Em geral, os estudos versam sobre o perfil e a trajetória de vida das adolescentes, buscando identificar as condições favorecedoras da passagem ao ato, ou tratam da temática em perspectiva comparativa ao público masculino (ASSIS; CONSTANTINO, 2001; FACHINETTO, 2008). Falta analisar o fenômeno, tomando o gênero como categoria de análise.

Já no cenário internacional tem sido mais comum a realização de estudos que objetivam considerar de modo mais específico a mulher ou a adolescente infratora por suas trajetórias de vida e significados do ato. Neles a variável gênero já aparece de modo mais relevante. No entanto, carece ainda aprofundamento sobre a relação entre esta variável e as trajetórias transgressoras (CARRINGTON, 2013; SCHAFFNER, 2013).

Diante dessas constatações, este trabalho se propõe a analisar a relação entre a identidade de gênero e os conflitos psíquicos e sociais implicados na passagem ao ato pelas adolescentes.

Cabe destacar que assumir os referenciais da epistemologia feminista para compreender a transgressão feminina implica uma ruptura com toda forma biologizante e naturalizante de compreensão da identidade, do comportamento humano e, consequentemente, do ato infracional. Inclusive, em trabalhos sobre a criminalidade, as discussões de gênero podem contribuir para a desconstrução de paradigmas vigentes, apesar das tensões existentes entre o feminismo e o direito penal (ZAIKOSKI, 2008).

Além disso, introduzir o atributo de gênero na compreensão do ato possibilita situar o comportamento infracional a partir de uma perspectiva do feminino, favorecendo a compreensão das "mulheres justiçáveis no mundo das próprias mulheres" (ESPINOZA, 2004, p. 74). Nesta perspectiva, fica favorecida a compreensão da transgressão feminina distanciada das interpretações masculinas que se fazem até então a respeito deste fenômeno, retirando a mulher da condição de invisibilidade.

A problemática colocada se apresenta como emergente e urgente, requerendo atenção de estudiosos da área, com vistas à melhor compreensão do tema, de modo singular e contextualizada. Considera a categoria do gênero em sua dinâmica, portanto, retirando o uso dessa categoria como forma de reverberar o discurso androcêntrico que tem sustentado a discussão do tema. Contribui, inclusive, para promover debates que sirvam ao direcionamento de um atendimento jurídico que possa, efetivamente, ser consoante às necessidades de gênero sem, com isso, estabelecer novas formas de desigualdades dentro deste cenário (ZAIKOSKI, 2008).

Método

Trata-se de um estudo que prioriza questões subjetivas constituintes da formação identitária e conflitos psíquicos situados na passagem ao ato. Exigiu um percurso metodológico capaz de levar à compreensão do caráter singular do objeto, em sua profundidade e complexidade. Tal realidade subjetiva é sensível apenas à metodologia de pesquisa de natureza qualitativa (HERNÁNDEZ SAMPIERI; FERNÁNDEZ COLLADO; BAPTISTA LUCIO, 2013). Para tanto, realizou-se um estudo exploratório, dado que o objeto de pesquisa ainda carece de maior aproximação pela realidade acadêmica (ESPINOZA, 2004).

Por ser um processo dialógico, a pesquisa qualitativa supõe a comunicação como via peculiar para acessar processos subjetivos e condições objetivas da vida social implicadas na realidade singular (MOREIRA; CALEFFE, 2008). Por isso mesmo, recorreu-se à Fotolinguagem® como instrumento para a construção de dados, um indutor da mediação grupal, sendo utilizado na clínica psicanalítica de grupos, inclusive com adolescentes em situação de risco e vulnerabilidade (VACHERET, 2012). Enquanto fonte de indução, mobiliza o pensamento, fazendo com que o sujeito reaja associativamente de acordo com imagens interiorizadas e afetos que o acompanham por meio da analogia.

Para organizar esse instrumento, utilizaram-se dois dos dossiês temáticos, a saber a. Tornar-se mulher e b. Valores em Discussão. Ainda, foram acrescidas outras fotos retiradas do Google, com vistas a trazer temáticas não contempladas nos dossiês ou aproximar e/ ou contextualizar a realidade da imagem ao cotidiano das adolescentes.

Os dossiês foram escolhidos por serem compostos por fotografias que mantinham relação com a temática pretendida para a discussão e, consequentemente, pudessem apoiar as falas dos participantes, articulando processos associativos intergrupais. Contudo, nem todas as fotografias do dossiê necessitam ser utilizadas na mediação grupal. O mediador pode fazer escolha daquelas imagens que tenham maior poder sugestivo e valor simbólico, possibilitando movimentos projetivos do sujeito e do grupo (JOUBERT; DRIEU, 2016).

Nesse sentido, dentre as fotografias que compunham os dois dossiês escolhidos, foram utilizadas aquelas que tinham maior poder sugestivo de acordo com o objetivo de cada encontro. Logo, a cada encontro, o grupo de fotografias era modificado, conforme temática e objetivos planejados.

As temáticas e objetivos eram previamente planejados tendo como critérios orientadores os objetivos do trabalho e os conteúdos trazidos pelas adolescentes. Para cada encontro, propunham-se duas ou três consígneas (comandos) orientadoras para a escolha individual da foto por cada participante, sendo trabalhada uma por vez, em tempos diferentes.

Os encontros, seguindo o que preconiza o método da Fotolinguagem®, eram iniciados pela apresentação da temática e objetivos do dia, depois, a exposição de fotos previamente escolhidas. Apresentava-se a primeira consígnea (por exemplo, escolha uma foto que represente a socioeducação para você) e, só então, cada participante escolhia uma foto relacionada ao pedido feito. Tendo a foto como referência, cada participante fazia uma exposição individual das induções geradas pela imagem em si. Sendo um instrumento ressonante, outros participantes do grupo intervinham a fazer exposições sobre ressonâncias da imagem e fala do expositor sobre eles. Ao final das apresentações, o mediador fazia uma intervenção, significando falas apresentadas e apresentando a próxima consígnea. Iniciava-se, então, outra discussão. Para fechar, o mediador fazia uma elaboração de todo o conteúdo manifestado no dia.

A discussão ocorreu em contexto grupal, como sugere o método da Fotolinguagem® Cada grupo esteve composto por 13 adolescentes do sexo feminino que cumpriam medida socioeducativa em privação de liberdade em uma unidade de medida socioeducativa do Distrito Federal, centro do poder político e administrativo brasileiro. Foram escolhidas por a. serem adolescentes do sexo feminino, em suas diferentes configurações identitárias; b. cumprirem medida socioeducativa de privação de liberdade e c. pela disposição voluntária de participar da pesquisa, compondo um perfil adequado aos propósitos deste estudo (Tabela 1).

Tabela 1 – Perfil das participantes

Participantes[3]	Perfis: Idade, situação, motivo da privação de liberdade, situação escolar e outros
Alice	17. Reincidente. Assaltos. Em evasão escolar durante o ato. Usava drogas.
Aline	17. Latrocínio. Em evasão escolar durante o ato. Usava drogas.
Bárbara	17. Assalto. Em evasão escolar durante o ato. Usava drogas. Uma filha.
Carla	17. Reincidente. Assalto. Em evasão escolar durante o ato. Usava drogas.
Dayane	17. Reincidente. Latrocínio. Em evasão escolar durante o ato. Usava drogas e traficava.
Flávia	17. Assalto. Em evasão escolar durante o ato. Usava drogas e traficava.
Isabela	17. Tentativa de homicídio. Em evasão escolar durante o ato. Usava drogas.
Janaína	17. Reincidente. Em evasão escolar durante o ato. Usava drogas e traficava.
Larissa	17. Reincidente. Em evasão escolar durante o ato. Usava drogas. Uma filha.

continua...

3 Nomes fictícios.

continuação

Participantes	Perfis: Idade, situação, motivo da privação de liberdade, situação escolar e outros
Marcela	16. Reincidente. Tráfico de drogas. Usava drogas.
Renata	17. Assalto. Em evasão escolar durante o ato. Usava drogas. Saiu da unidade e foi inserida no mercado de trabalho por meio de estágio com instituição conveniada.
Tatiana	17. Latrocínio. Em evasão escolar durante o ato. Usava drogas e traficava.
Tuani	16. Assalto. Em evasão escolar durante o ato. Usava drogas.

Fonte: Elaboração dos autores.

Foram realizados sete encontros semanais, ao longo de 6 meses, com duração aproximada de 90 minutos cada encontro.

O referencial psicanalítico foi eleito como eixo para a discussão teórica e construção dos dados, posto que apoia o método escolhido. Cabe destacar que o trabalho de interpretação de dados numa pesquisa de orientação psicanalítica não pode se distanciar do método psicanalítico de investigação subjetiva (IRRIBARY, 2003). Logo, tal como ocorre na etapa de geração de dados, a análise segue um padrão que foge ao rigor da técnica. Por isso mesmo, os procedimentos de análise de dados em pesquisa de caráter psicanalítico requerem atenção e direção diferenciadas, tendo implicado interpretação, organização e estruturação de dados que emergiram no contexto natural, não sendo estruturada e durante toda a investigação. Uma análise, portanto, ocorrida ao longo de toda a pesquisa.

Resultados

O diálogo sobre a identidade feminina entre aqueles que cometem o ato infracional se inicia pela temática da felicidade, um sentimento que parecia estar pouco presente na vida destas adolescentes, mas que se constituía como um de seus maiores desejos.

> Deixa eu ver... eu quero ser feliz de verdade, então essa foto tem a ver comigo mesmo (Isabela).

> Eu a mesma coisa, mas eu quero ser feliz de verdade. [...] Porque eu não sou feliz, nem por fora e nem por dentro (Marcela).

Apesar das cicatrizes, sofrimentos e medos, estas garotas transbordavam desejos de um futuro diferente da história que até agora tinham escrito, um futuro mais feliz e diferente da história que seus próprios familiares percorreram. Em suas falas, transparecia o desejo de finalizar o capítulo de dores e, encerrando este ciclo, desejavam abrir uma nova sessão nesta narrativa. Seus sonhos se relacionavam aos momentos perdidos, experiências não vividas no real.

Maior parte destas meninas depositavam no amor as expectativas do futuro. Seguindo um caminho romântico, elas acreditavam no amor como forma de superar suas barreiras e seus próprios conflitos internos. Isabela escolheu as fotos 1 e 2 e sua fala provocou ressonâncias em Tuani e Janaína.

Foto 1 – O casamento

Fonte: Google Imagens (2016)

Foto 2 – Ser mãe

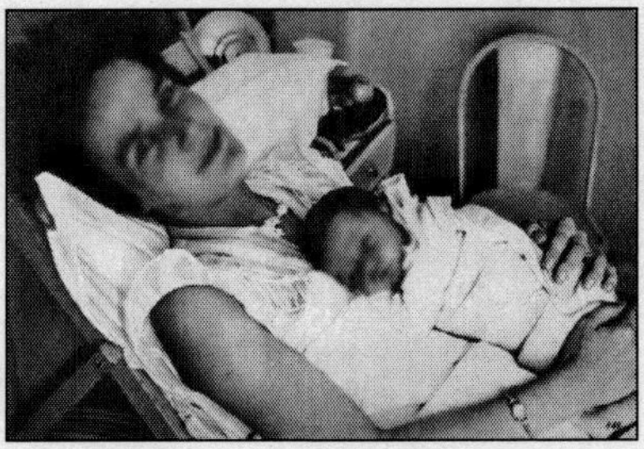

Fonte: Alric et al. (1965). *Femmes en devenir.*

> Eu escolhi duas fotos. Essa aqui porque eu quero casar e essa aqui porque eu quero ter filhos. Eu quero muito ser mãe (Isabela).

> Um marido bom e dois filhos, felizes. É... ter uma família grande, quero ter 3 filhos e ter um emprego. Bem, [...] eu quero família grande, mas é 3, só (Tuani).

> Eu sonho em ter 7 filhos [...] eu quero 4 adotados e 3 gerados não da minha barriga. Pretendo ter minha família, minha casa (Janaína).

Apesar desse sonho romântico de casarem e constituírem uma família, não pretendiam romper os vínculos com a figura materna. O diálogo a seguir, ainda resultado das ressonâncias provocadas pela fala de Isabela, ilustra esta consideração.

> Eu quero casar e quero ter filhos. Meu sonho é ajudar a minha mãe, me ajudar, terminar meus estudos e ajudar aquelas crianças que estão em orfanato (Tatiana).

> Pretendo ter outro filho, ter minha casa, ter muito dinheiro, ter uma casa bem bonita, fazer minha faculdade. Eu quero ser diferente para seguir um caminho melhor, para ensinar para minha filha. Muita gente que eu dava atenção lá fora não merecia e ela sim, merece. E minha mãe que merece esse valor, porque ela, sim, que vem aqui. Meus amigos que falavam que eram meus amigos. Quero recuperar o tempo perdido que eu perdi aqui, recuperar os estudos... (Bárbara).

Se a condição atual foi, para muitas delas, resultado das necessidades financeiras vivenciadas pela sua família, o meio para fazer romper este ciclo seria a escolarização, a qual seria capaz de lhes prover uma colocação no mercado suficiente para render os proventos que assistiriam às necessidades próprias e de sua mãe. Logo, a educação compareceu como a possibilidade mais factível de combater as condições de pobreza e violência que vivenciaram, tal como discorre Dayane a partir da foto 3 e as ressonâncias por ela provocadas em Renata.

Foto 3 – Sonhos

Fonte: Alric et al. (1965). *Femmes en devenir*.

> Eu quero sair daqui e estudar. Eu quero terminar meus estudos. Quero fazer uma faculdade de jornalismo e ser jornalista. Um dia vocês ainda vão me ver. Vou chegar lá. Vou ser jornalista no New York Times (Dayane).

> Meu sonho como eu já falei é me formar em biologia, não tenho filhos. Acho que é isso, e ser feliz, superar todos os meus problemas e tocar a bola para a frente (Renata).

Os sonhos destas adolescentes, portanto, se organizavam em torno de alguns eixos: a conclusão dos estudos e a profissionalização; a colocação no mercado; o casamento e a constituição de um novo núcleo familiar e a restituição dos vínculos familiares, com oferta de suporte afetivo e financeiro aos membros deste grupo.

O amor, então, foi apresentado como a possibilidade de remição a uma vida de tanto sofrimento e entender o significado que este sentimento tem para estas adolescentes se torna relevante para esta discussão que pretende identificar os sentidos subjetivos destas adolescentes. Até porque, este mesmo amor que serviu à renúncia e ao sacrifício que levaram ao ato agora comparecia como o meio de redenção para estas vidas.

Na discussão sobre o que seria o amor, as adolescentes começaram refletindo sobre os diferentes tipos de amor e, dentro de cada tipo, uma forma diferente de vivê-lo, uma maneira diferente de implicação subjetiva com consequências diferentes para a vida.

Elas começaram a discutir sobre a diferença entre amor e paixão, entre os sentimentos que dedicavam ao companheiro. Nesta vivência, a sua intensidade e durabilidade seria uma importante característica, inclusive para diferenciar de outra forma de amor: o amor de mãe. Janaína é quem inicia este diálogo a partir da apresentação da foto 4, a qual ressoa em Marcela e Bárbara.

Foto 4 – O amor romântico

Fonte: Google Imagens (2016).

> Um amor que se for verdadeiro ele se torna único, né? (Janaína).
>
> Acho que não, porque o amor verdadeiro você quebra a cara muito antes de encontrar ele.mas pra mim eu acho que acaba (Marcela).
>
> Pra mim esse negócio de que amor acaba nem existe pra mim, não é amor, isso é paixão. Porque amor consiste em você aceitar a pessoa do jeito que ela é, você não mudar a pessoa mas você dar um estímulo pra ela melhorar em alguns pontos que assim... (Bárbara).

Nesta reflexão sobre o sentimento pelo companheiro, elas destacavam a temporalidade desse amor como critério para validar a veracidade da relação. Elas analisavam o amor pelo companheiro como temporal e, por isso, não seria verdadeiro.

O caráter temporal era usado por elas como característica principal para diferenciar o amor romântico de outra forma de amor: o amor de mãe. Para elas, o amor pela mãe era o genuíno, pois era o único que permanecia diante das situações de crise. Era o único a suportar a dor e o sofrimento. Era aquele que lhes permitia experienciarem o sentimento de completude e, por isso, era tão valorizado por elas.

> Mas esse amor por outra pessoa acaba, pela mãe nunca acaba. Mesmo se amar de verdade, acaba. Agora pela mãe, não. Você pode estar na razão ali que você não sente, que não passa o amor que você sente por ela. Mesmo você não estando alí, na realidade (Larissa).

> É o amor, o amor não existe. Só de mãe pra filho. Eu não sei de mais nada não, só sei que o amor de mãe é incondicional e pronto. Mesmo ela estando errada, por mais que ela seja errada, igual minha mãe mesmo, por mais que ela esteja errada eu vou amar ela para sempre. E mesmo que eu seja a pior filha também ela me ama e nunca vai deixar que nada aconteça comigo (Bárbara).

> Amor é amor de mãe pra filho... (pensativa) É.... não tem nenhuma explicação, né... porque é o amor maior. Todas as coisas e o amor incondicional, né... um amor incondicional que supera tudo. Verdadeiro e único. (Isabela).

> Apesar da gente fazer o que faz com a mãe da gente ela sempre tá alí (Tatiana).

Marcela tinha algo diferenciado para falar sobre o amor. Ela trouxe apontamentos sobre os padrões culturais que aprisionam os sujeitos em suas formas de viver e expressar o amor. Mas, antes, ela falava da implicação do Eu com os processos de amar. Ela retomou a discussão sobre os sonhos e, de início, mencionou ter sonhos de outra ordem. Enquanto os sonhos das colegas pretendiam um amor romântico, sua necessidade e sonhos eram mais metafísicos. Por meio da foto 5, ela deixa claro que precisava viver a vida através de um sentido, o qual para ela é a felicidade. "Meu sonho, meu maior sonho é ser feliz, não é fingir ser feliz, é ser, viver, só" (Marcela).

Foto 5 – A felicidade vivida

Fonte: Babin et al. ([s. d]). *Groupes*.

Neste sentido, para Marcela, a felicidade estava relacionada à possibilidade de assumir sua constituição identitária. Marcela precisava parar de fingir. Mas esta farsa não era sustentada apenas para o espaço social. Marcela forjava o seu eu para si mesma.

Marcela queria, de toda forma, reforçar a necessidade que tinha de encontrar um sentido para sua vida. Uma vida que até então parecia estar esvaziada. Para tanto, mal terminou a exposição sobre a foto anterior, pegou rapidamente uma segunda foto, a de número 6, sem tempo para ressonâncias e a apresentou. "Eu também sonho em casar. Eu sonho em ter filhos. Mas eu quero engravidar uma mulher" (Marcela).

Foto 6 – O amor entre mulheres

Fonte: Google Imagens (2016).

Esta foi a primeira vez que Marcela falou abertamente sobre sua orientação sexual. Ela se mostrava muito insegura nos contatos intersubjetivos para manifestar seus sentimentos, de modo que ela precisava fingir ser quem não era. Sua insegurança não era infundada. Para ela, não se conformar a estes padrões significava mais uma forma de subverter a norma e mais uma condição pela qual ela deveria seria julgada pelo duro crivo social. Por isso, ela precisava fingir.

Sua fala ressoou em Dayane que também acreditava que o amor não segue os padrões e ideais culturas e românticos estabelecidos. Dayane foi de encontro a toda esta discussão e apresentou uma perspectiva diferenciada para o amor, a partir das fotos 7, 8 e 9:

Foto 7 – Os prazeres da vida

Fonte: Google Imagens (2016).

Foto 8 – O amor pela liberdade

Fonte: Google Imagens (2016).

Foto 9 – O amor forte e guerrilheiro

Fonte: Google Imagens (2016).

> Eu peguei três fotos. É que eu concordo com o que ela falou (se referindo a Isabela), mas eu acho que o amor não é algo só por uma pessoa. Pode ser de várias formas: pode ser por uma pessoa, pela liberdade, por viajar. E eu acho que o amor é forte e guerrilheiro. [...] Esse aqui é o amor pelos prazeres da vida. É... pela liberdade, por viajar. e o amor é forte e guerrilheiro (Dayane).

Para estas meninas, o amor, então, assumia diferentes formas, diferentes expressões e abria diferentes caminhos. Mas este amor que elas tanto traziam em suas falas ao longo das sessões, não era um amor marcado unicamente pela ternura ou outras emoções positivas que reconheciam. Estes amores vividos estavam marcados, na maior parte das experiências, pela dor e pelo sofrimento. Mesmo o amor de mãe que, de modo incondicional, tudo enfrenta, carregava esta marca. Assim, a renúncia e a dor pareciam caminhar de mãos dadas com este sentimento, independente de que fosse o objeto de amor.

Das marcas mais fortes deixadas por estes amores já vividos, em suas diferentes formas, o abandono é a aquela que compareceu com mais evidência e, em alguns casos, a dor desta experiência ainda era latente, a qual foi representada por meio da foto 10.

Foto 10 – O abandono

Fonte: Google Imagens (2016).

> Foi isso o que o amor fez comigo. Por causa do amor, eu estou aqui, presa. Estou abandonada por todos. Só minha mãe que, às vezes vem me ver. Quem lembra de mim agora? Ninguém. Nem ele, eu acho. Se não fosse por amar ele tanto, eu não estaria aqui agora (Dayane).

Dayane trouxe o abandono do amor romântico. Daquele com quem havia trocado juras de um amor eterno. Daquele que havia lhe jurado estar para sempre juntos. Mas, assim como o amor, o abandono também tem várias faces para as adolescentes, pois veio de várias direções. As colegas reagiram à fala de Dayane e complementaram a discussão.

> Porque abandona mesmo, tá nem aí, vira as costas e vai embora, como se não amasse a pessoa. E a pessoa fica lá sofrendo, morrendo e a pessoa vai embora (Bárbara).

> É. Enquanto a gente está na boa, está todo mundo junto. Mas quando dai. Ninguém lembra mais da gente. Agora vai voltar. Quando voltar, os amigos vão estar tudo junto de novo. Só querem estar junto nas horas boas. Na hora que dá ruim, todo mundo some (Alice).

O sentimento de abandono foi recursivamente apontado pelas adolescentes como um fator marcante em suas histórias de vida, quer seja antes do ato, ou após ele e, por isso, se faz necessário considerar esta experiência que a princípio era social, mas sua essência era profundamente subjetiva.

Discussão

Ao analisarmos as falas das adolescentes, percebemos que a identificação com a mãe e a assunção de papeis de gênero associados a sua figura era uma realidade fortemente presente em suas vidas, o que justificava, inclusive, a qualidade do vínculo que mantinham com ela.

Para Assis e Constantino (2001), a mãe seria a principal agente educativa no que se relaciona à difusão da cultura e papeis de gênero no espaço familiar. Ainda, sendo ela uma figura representativa na constituição identitária, tal como defendem os estudos psicanalíticos, consideramos que a forma pela qual ela exerce seus papeis de mulher, esposa e mãe, dentre tantos outros possíveis, é um importante veículo de transmissão das mensagens que são endereçadas aos filhos no que toca à sua identidade de gênero.

Assim, a identificação com a mãe impactava a constituição identitária das adolescentes, as quais guardavam estreita relação com aquela da genitora, seja pela similaridade, pela oposição ou mesmo por ambas (ASSIS; CONSTANTINO, 2001).

Neste movimento identificatório, o sonho de casar-se, ter filhos e ser feliz poderia ser resultado de uma educação de gênero alienante que buscou a conformação da identidade e do comportamento aos estereótipos culturalmente engendrados, tal como defendem Louro (2014) e Butler (1990).

Casar e ter filhos parecia ser uma reedição ou uma tentativa de reescrever a história de suas mães que não foram felizes no casamento. Elas passaram anos assistindo a cenas de violência conjugal, submissão, humilhação e acreditavam que poderiam viver uma experiência diferente daquela de seus genitores.

Assim, paradoxalmente, apesar de reivindicarem uma autonomia, independência e emancipação, os sonhos destas garotas eram resultados de concepções subalternas de gênero as quais não lhes favoreciam o rompimento com diversos padrões que as mantinham aprisionadas nas diferentes formas de opressão de gênero.

Foi possível constatar que nas poucas projeções de futuro que eram capazes de realizar diante de tanto desalento psíquico, as mães estavam presentes como figuras merecedoras de ocupar um lugar de gozo juntamente com elas. Oportunizar às mães uma qualidade de vida a partir do crescimento que poderiam alcançar no futuro seria uma forma de retribuírem a fidelidade que mantiveram com elas ao longo da vida, mas, especialmente, na experiência da socioeducação.

Também seria uma forma de romper com as opressões sociais e as diferentes formas de violência (especialmente no núcleo familiar) a que foram submetidas ao longo da vida (mães e filhas), lançando-se à participação no espaço público, desta vez de uma forma reconhecida, valorizada e includente por meio da emancipação da figura feminina dentro do núcleo familiar, a qual seria viabilizada por meio da formação profissional e a inclusão no mercado de trabalho (DEJOURS, 2007; ZALUAR, 2004).

Analisamos que seus sonhos não fugiam significativamente de uma realidade cultural que projeta nos sujeitos em formação um modelo padrão de vida, mantendo a conformidade aos estereótipos de gênero. Desde muito pequenos, aprende-se que a ordem e finalidade natural da vida é casar-se, crescer, reproduzir e morrer. Assim, a sociedade espera, a partir de uma perspectiva romantizada e naturalizada, que o sujeito cresça (aqui entendendo a formação escolar, a profissionalização e o amadurecimento identitário), case, tenha filhos, eduque seus filhos e, após cumprir o objetivo natural da vida, se prepare para encerrar sua vida.

Contudo, as adolescentes evidenciavam um significativo ressentimento por perceberem que este amor não correspondia ao seu ideal de amor romântico, tão alimentado na cultura ocidental como um ideal de vida para a figura feminina. Schlösser, Dalfovo e Delvan (2012, p. 5) explicam que esta visão romântica de amor para Freud é uma tentativa de reeditar a "felicidade perdida na fase do narcisismo primário", logo, o amor romântico é a tentativa de restaurar o sentimento de completude psíquica.

Perceber, então, que este companheiro no qual houve o reinvestimento libidinal não correspondia ao ideal de amor frustrou os planos de "casarem e serem felizes para sempre"[4]. Diga-se de passagem, os sonhos que elas relataram como perspectiva futura estão bem próximos desta poética amorosa. Mas esta percepção representava algo mais profundo, ela levava as adolescentes a reeditaram o sentimento da falta. Era o sentimento da falta primária, mas também a falta posterior, relacionada à família que vacilou no processo de filiação, identificação e inscrição da criança na ordem simbólica a tendo fragilizado do

4 Grifo nosso.

ponto de vista narcísico e colocando-a em uma situação de vulnerabilidade (DRIEU, 2012). É desta constatação que emergia o sentimento do abandono.

Podemos considerar sentimento de abandono a partir da constatação teórica de que ele implica um dos maiores determinantes da fase da adolescência: o desinvestimento libidinal das figuras parentais. Para criarem sua própria identidade, estas garotas precisavam desinvestir as figuras libidinais para investi-las em suas relações sociais, buscando um novo objeto de desejo (KNOBEL, 2011). Mas este desinvestimento não foi vivenciado pelas adolescentes de maneira tranquila, justamente pela sensação de desamparo provocada pelo abandono e por tomarem consciência da sua incompletude narcísica.

No oculto destas falas sobre o sentimento de abandono, estas adolescentes comunicavam que uma de suas maiores necessidades naquele momento era o apoio, sustentação e contenção, o que, a princípio, deveriam encontrar nas figuras parentais. Mas não o era. A instituição socioeducativa poderia, na tessitura de suas histórias e considerando o movimento de reinvestimento libidinal típico da adolescência para os grupos de pares e sociais, representar um outro *locus* simbólico para encontrarem este apoio. Mas, também, não o representava. Elas, então, se viam diante de uma situação de desamparo social e psíquico com a qual não sabiam lidar.

Logo, o social negligenciava a oferta do apoio narcísico às adolescentes, o qual era uma das maiores necessidades que tinham para darem conta da passagem pela adolescência com todos os fantasmas e violências que lhes eram fonte de angústia, sem que houvesse a exteriorização violenta dos conflitos subjetivos (HOUSSIER, 2010).

Entendemos, portanto, que sentimento do abandono, associado à fragilidade narcísica da adolescência e ao sentimento de desamparo psíquico, pode ser relacionado como um fator preditivo da passagem ao ato no caso das adolescentes que aqui foram investigadas. Na intenção de restaurar a realidade que se encontrava desorganizada pelo desinvestimento libidinal, ao atuar, a adolescente separava os fatos presentes em seu imaginário e conseguira restaurar o real.

Considerações finais

O que há de mais singularizado no ato e que marca a condição do feminino neste estudo sobre a transgressão juvenil, são os significados que esta ausência e o consequente desamparo assumiu nestas histórias, demandando formas muito específicas para lidar com as angústias e violências externa e interna. De frente ao sentimento de desamparo que as fragilizava e demandava uma elaboração, elas usaram o ato como recurso para externar e elaborar estes conflitos, projetando na realidade externa o conteúdo que lhes ameaçava. Esta externalização por meio do ato assumia significados que se relacionavam às suas identidades e, de modo não dissociado, à sua condição de gênero.

Podemos concluir que a ausência do Outro, provocadora do sentimento de desamparo, é o eixo central que sustenta a compreensão da passagem ao ato quando falamos do feminino. Embora as histórias tenham seguido direções diferentes, esta ausência e o desamparo sempre estiveram presentes em todas elas fomentando a fragilidade narcísica que culminou com a passagem ao ato. Apesar de este sentimento ser intrínseco ao processo de desenvolvimento, ele fomentou conflitos que, no encontro com as questões de gênero, fizeram transbordar as angústias atribuindo marcas femininas à passagem ao ato.

No entanto, a fragilidade narcísica e a constituição identitária destas adolescentes ainda em formação não as permitiam perceber que a estratégia de enfrentamento e elaboração destes conflitos por meio da atuação era um caminho de reinício, elas retroalimentavam o desamparo, especialmente, porque a socioeducação foi inscrita em suas vidas em consequência do ato, trazendo-lhes experiências que as levaram ao início do ciclo.

REFERÊNCIAS

ASSIS, Simone Gonçalves de; CONSTANTINO, Patrícia. **Filhas do mundo**: infração juvenil feminina no Rio de Janeiro. Rio de Janeiro: Fiocruz, 2001.

BRASIL. Presidência da República. Secretaria Nacional de Direitos Humanos. **Levantamento Anual dos/as Adolescentes em Conflito com a Lei – 2010**. Brasília: Secretaria de Direitos Humanos da Presidência da República, 2011. Disponível em: <http://www.sdh.gov.br/assuntos/criancas-e-adolescentes/pdf/SinaseLevantamento2010.pdf>. Acesso em: 3 maio 2015.

______. Presidência da República. Secretaria Nacional dos Direitos da Criança e do Adolescente. **Levantamento Anual SINASE 2014**. Brasília: Secretaria Nacional dos Direitos da Criança e do Adolescente, 2017. Disponível em: <http://www.sdh.gov.br/noticias/pdf/levantamento-sinase-2014>. Acesso em: 1º jan. 2018.

BUTLER, Judith. **Gender Trouble**: Feminism and the Subversion of Identity. Estados Unidos: Editora Routledge, 1990.

CARRINGTON, Kerry. Girls and Violence: The Case for a Feminist Theory of Female Violence. **International Journal for Crime, Justice and Social Democracy**. [s.i], v.2, n. 2, 2013. Disponível em: <https://www.crimejusticejournal.com/article/view/101>. Acesso em: 5 dez. 2017.

DEJOURS, Christophe. **Conjurer la violence**. **Travail, violence et santé**. Paris: Payot, 2007.

DRIEU, Didier. O agir adolescente e suas ressonâncias grupais. In: AMPARO, D. M. et al. (Orgs.). **Adolescência e violência**: intervenções e estudos clínicos, psicossociais e educacionais. Brasília: Liber Livro Editora e Editora Universidade de Brasília, 2012. p. 211-226.

DUARTE, Vera Mônica; CARVALHO, Maria João Leot de. (Entre) olhares sobre delinquência no feminino. **Ex aequo**, n. 28, p. 31-44, 2013. Disponível em: <http://www.scielo.gpeari.mctes.pt/pdf/aeq/n28/n28a04.pdf>. Acesso em: 10 mar. 2015.

ESPINOZA, O. **A mulher encarcerada em face ao poder punitivo**. São Paulo: IBCCrim, 2004.

FACHINETTO, Rochele Fellini. **A "casa de bonecas"**: um estudo de caso sobre a unidade de atendimento sócio-educativo feminino do RS. 2008. 224 f. Dissertação (Mestrado em Sociologia) – Universidade Federal do Rio Grande do Sul, Porto Alegre, 2008.

HERNÁNDEZ SAMPIERI, Roberto; FERNÁNDEZ COLLADO, Carlos; BAPTISTA LUCIO, María del Pilar. **Metodologia de Pesquisa**. 5. ed. Porto Alegre: Penso, 2013.

HOUSSIER, Florian. De ontem a hoje: teorias psicanalíticas dos atos delinquentes na adolescência e relato clínico. In: AMPARO, D. M. et al. **Adolescência e violência**: teorias e práticas nos campos clínico, educacional e jurídico. Brasília: Liber Livro Editora, 2010. p. 89-121.

IRRIBARY, Isac Nikos. O que é pesquisa psicanalítica? **Ágora**, Rio de Janeiro, v. 6, n. 1, p. 115-138, jan./jun. 2003. Disponível em: <http://www.scielo.br/pdf/agora/v6n1/v6n1a07.pdf>. Acesso em: 1º out. 2017.

JOUBERT, Christiane; DRIEU Didier. Trabalho grupal com a Fotolinguagem – determinante epistemológico e metodológico. In: BRASIL, Katia Tarouquella; DRIEU, Didier (Orgs.). **Mediação, simbolização e espaço grupal**: propostas de intervenções com adolescentes vulneráveis. Brasília: Liber Livro, 2016, p. 89-111.

KNOBEL, Maurício. A síndrome da adolescência normal. In: ABERASTURY, Arminda; KNOBEL, Maurício. **Adolescência Normal**: um enfoque psicanalítico. 11. Reimpressão. Porto Alegre: Artmed, 2011b. p. 24-62.

LOURO, Guacira Lopes. **Gênero, sexualidade e educação**: uma perspectiva pós-estruturalista. Petrópolis, Rio de Janeiro: Vozes, 2014.

MATOS, Raquel. **Vidas raras de mulheres comuns**: percursos de vida, significações do crime e construção da identidade em jovens reclusas. Coimbra: Almedina, 2008.

MOREIRA, Herivelto; CALEFFE, Luiz Gonzaga. **Metodologia de Pesquisa para o professor pesquisador**. 2. ed. Rio de Janeiro, Lamparina, 2008.

NARDI, Fernanda Lüdke; DELL'AGLIO, Débora Dalbosco. Adolescentes em conflito com a lei: percepções sobre a família. **Psicologia – Teoria e Prática**

[on-line], v. 28, n. 2, p. 181-191, abr./jun. 2012. Disponível em: <http://www.scielo.br/pdf/ptp/v28n2/06.pdf>. Acesso em: 12 out. 2015.

SCHAFFNER, Laurie. Violence and Female Delinquency: gender transgressions and gender invisibility. **Berkeley Journal of Gender, Law & Justice**, v. 4, n. 1, p. 65, set. 2013. Disponível em: <https://scholarship.law.berkeley.edu/cgi/viewcontent.cgi?referer=https://www.google.com.br/&httpsredir=1&article=1152&context=bglj>. Acesso em: 5 mar. 2015.

SCHLÖSSER, Adriano; DALFOVO, Daniel David; DELVAN, Josiane Delvan da Silva. Um estudo sobre o amor: diálogos entre Sigmund Freud e Erick Fromm. **Psicologia Argumento**, Curitiba, v. 30, n. 70, p. 567-573, jul./set. 2012. Disponível em: <https://periodicos.pucpr.br/index.php/psicologiaargumento/article/download/.../19787>. Acesso em: 1º dez. 2017.

VACHERET, Claudine. Présentation de la méthode Photolangage©. In: VACHERET, Claudine (Org.). **Photo, groupe et soin pychique**. Reimpressão. Lyon: Presses Univevristaires de Lyon, 2012. p. 17-31.

ZAIKOSKI, Daniela. Género y derecho penal: tensiones al interior de sus discursos. **Aljaba**, Luján, v. 12, p. 117-134, jan./dez. 2008. Disponível em: <http://www.scielo.org.ar/scielo.php?script=sci_arttext&pid=S1669-57042008000100008>. Acesso em: 8 nov. 2017.

ZALUAR, Alba Maria. **Integração perversa**: pobreza e tráfico de drogas. Rio de Janeiro: Editora FGV, 2004.

O SENTIDO DO ENVELHECIMENTO PARA O PROFESSOR: um olhar acerca das alterações biopsicossociais

Mauro Trevisan
Jocelaine Aparecida Telles

Introdução

Este estudo objetiva uma reflexão sobre a docência no processo do envelhecimento, apresentando em um primeiro momento no percurso histórico como se apresenta a velhice, termo este que é de certo modo interpretado de forma negativa, ou seja, velho é um conceito do mundo capitalista, por isso, vale considerar melhor idade ou terceira idade. Faremos uma viagem pelos clássicos e sua percepção sobre o envelhecimento, destaca-se que estes grandes como Cícero, Sócrates, Platão e Aristóteles, foram grandes mestres (professores), e, que em seu processo de envelhecimento nos ensinam muito.

Cicero, relata que a busca pelo sentido da vida, e, a jornada, ou seja o percurso todo de nossa vida é uma luta pelo sentido da vida e da felicidade, haja vista que a velhice faz parte do desenvolvimento natural e como tal todos deveriam desejar alcançá-la e lutar para chegar em melhores condições de vida possíveis nessa fase.

Será tratado ainda sobre as fases do envelhecimento, cronológica, biológica, fisiológica, psicológica, social e espiritual. Em seguida, apresenta-se a perspectiva docente diante do envelhecimento. De acordo com Vieira e Carpes (2016), os docentes revelam não pensar no seu envelhecimento no presente, porém acreditam que terão uma velhice ativa, alegre, saudável e tranquila. Ao mesmo tempo, alguns mostraram certa preocupação com a aparência, apresentando uma inclinação para negar o envelhecimento. No processo do envelhecimento, uma preocupação docente é envelhecer com qualidade de vida e o mínimo de impactos que o tempo de trabalho forjou no docente.

A velhice no tempo histórico

No decurso da história, pode-se destacar que as sociedades viram o idoso com olhares diferentes atribuídos valores diferentes aos idosos. Em algumas sociedades eles eram tidos em grande consideração, em outras nem tanto, e em outras, por fim, o idoso foi visto como um sujeito descartado. Segundo Beauvoir (1990), no antigo Egito a velhice era vista como algo penoso devido a seu enfraquecimento físico. A expectativa de vida nesse período não era elevada, salvo para os que conviviam com os faraós. Também na Antiguidade, já o povo grego via na velhice, uma espécie de recompensa que era considerada como a máxima virtude. Na Grécia antiga, existiam conflitos entre os jovens e os anciãos, as antigas instituições ligavam a ideia de honra à velhice. Para Platão (387 a.C.), a concepção de idoso estava ligada às acepções políticas, conforme ele apresentou na *República*. Aí ele estabeleceu o valor da velhice, destacando que os mais velhos devem mandar, e os mais jovens obedecer, ressaltando que, os homens com mais de 60 anos devem evitar as bebedeiras nos banquetes, embora devessem presidí-los, na tentativa de impedir os excessos por meio do uso da palavra quando fosse necessário.

Platão (1993, p. 15) ao relatar o diálogo entre Sócrates e Céfalo, apresentava a preocupação a respeito da velhice:

> Eu, de minha parte, falei: "*Céfalo, gosto de conversar com as pessoas idosas. De fato, me parece que temos de aprender com elas, que já nos precederam no caminho que, talvez, também nós iremos percorrer, informando-nos como se apresenta esta estrada: se é áspera, dura ou fácil e cômoda. Gostaria de ouvir de você, uma vez que chegou ao momento da vida que os poetas chamam de 'no limiar da velhice', se lhe parece um momento difícil da existência ou se você pensa que não o seja*". É penosa a vida nessa idade? Que te parece dela? CÉFALO – Sim, por Zeus, Sócrates! Eu lhe direi o que penso. Nós nos reunimos seguidamente, eu e mais uns poucos que temos mais ou menos a mesma idade, como diz o antigo provérbio[5]. Nesses encontros, a maioria de nós se lamenta, recordando com saudades os prazeres da juventude, relembrando as aventuras amorosas, a boa bebida, os banquetes e outras coisas desse tipo. Eles se afligem como se tivessem perdido todas as grandes alegrias e confessam que viviam bem, mas que esta de agora não merece ser chamada de vida. Há quem se queixe também por causa das humilhações que deve suportar dos próprios parentes porque é velho e passa a enumerar todos os males que a velhice lhe inflige.

Pode-se aqui ressaltar a saudade e o lamento de Céfalo frente ao envelhecer bem como as dificuldades que a nova fase apresenta. Nas palavras do próprio Platão (Republica, III, p. 412) "os governantes têm de ser os mais velhos e os governados os mais novos, como é evidente".

5 Alusão ao provérbio: "Coetâneo gosta de coetâneo".

Na obra *Retórica* (1389b), Aristóteles (2005, p. 195) destaca-se que o corpo deve permanecer intacto para que a velhice seja feliz. Para ele, a velhice feliz é lenta e sem deficiências. Assim, ele enfatiza em sua obra:

> Os idosos, pelo contrário, e os que já passaram a flor da idade, possuem caracteres que, na sua maior parte, são pouco mais ou menos opostos daqueles. O fato de terem vivido muitos anos, de terem sido enganados e cometido faltas em diversas ocasiões, e ainda porque, via de regra, aquilo que fazem é insignificante, em tudo avançam com cautela e em tudo dizem menos do que convém. Têm suas opiniões, mas nada sabem ao certo, e, na dúvida, acrescentam sempre 'talvez' e 'é possível' e tudo dizem assim, mas nada afirmam de categórico. Também têm mau caráter, pois ter mau caráter consiste em supor sempre o pior em tudo. Além disso, são suspicazes devido à sua desconfiança, e desconfiados devido à sua experiência. Por isso, nem amam nem odeiam com violência, mas, segundo o preceito de Bias[6], amam, como se um dia pudessem vir a odiar e odeiam se pudessem vir a amar.

Houve entre Platão e Aristóteles um rompimento entre suas ideias, pois Platão dava ao idoso o direito de mandar; enquanto que Aristóteles considerava a velhice como perda de poder, em razão do seu enfraquecimento.

Na obra *Antígona*, Sófocles (2003, p. 88) destaca a importância dos idosos na sociedade de Atenas, quando Corifeu se manifestou:

> Vem a nós agora o nosso rei, Creonte, filho de Meneceu, que é o novo soberano após as coisas funestas que nos aconteceram. Tem algo para nos dizer, e para isso emitiu ordem geral convocando, com urgência, a Assembléia dos Anciãos de Tebas.

Vale frisar que nesse período já se tinha destaque a figura dos anciãos, pois em suas assembleias deliberavam as questões do povo.

Ao que se refere a velhice, na Grécia Antiga, havia grande consideração acerca da pessoa idosa. Essa fase da vida era entendida como o momento em que a pessoa havia reunido uma série de experiências de vida, daí o grande apreço pela pessoa idosa. Já no Império Romano, conforme antiga tradição, a velhice possuía uma característica negativa, que segundo Silva (2007) era comparada a amargura. Sabe-se que ao entrar na fase da velhice surgem debilidades, sonhos que não mais podem ser realizados e a Morte que ronda em torno do idoso, à medida que aumenta o fenômeno da perda de sentido da vida.

6 Bias de Perine fora um dos sete sábios da antiga Grécia.

Marco Túlio Cícero, nascido em 106 a.C, faz considerações filosóficas em sua obra *A velhice saudável* que velhice em si já consubstancia um valor respeitável, mas quando "cultivada de modo a exalar o odor inebriante das virtudes morais", então a vida produz felicidade ao seu titular, enquanto "enobrece o convívio social da radiosa dignidade". Assim, acerca da velhice reforça Cícero (2006, p. 61-62):

> O prestígio do idoso, especialmente de quem exerce cargo público, supera, de longe, todos os prazeres da vida juvenil. Lembrai-vos de que, em minhas explanações, deveis entender que enalteço aquela velhice que extrai da época de sua mocidade seus fundamentos. De onde se deduz que, quando disse com aprovação de todos que me ouviam: mísera a velhice que se defende só com as palavras. Não são os cabelos brancos e as rugas que conferem, por si só, imediata autoridade, mas é a idade vivida na honestidade que recebe os frutos do merecimento.

Cícero observava que com o avançar da idade ocorre um processo gradativo, surgem novos problemas com os quais é preciso haver adaptação, tais como a diminuição da memória, a diminuição da capacidade fisiológica, laboral e dos prazeres corporais, que podem ser superados pelos prazeres intelectuais. Para Cícero, o envelhecer era o encontro do prazer que todas as idades proporcionam com a superação de obstáculos de uma velhice feliz.

Se é na velhice que surgem as reclamações, então não se pode culpar a idade, segundo Cícero (1999, p. 13) pelos problemas que surgem no decorrer do tempo. Para ele isso é devido a uma vida de costumes errôneos, conforme argumenta:

> Esta gente não parecia acusar que devia acusar, pois, se isto acontecesse por culpa da velhice, então também eu e tantos outros velhos deveríamos passar pela mesma experiência. Eu conheço um grande número deles que não se queixam da velhice, e não lamentam o estarem livres das paixões, e não choram por serem esquecidos dos seus. A culpa de todas essas queixas não está na idade, mas sim nos maus costumes.

Em outra obra, *Saber envelhecer*, Cícero (2006,) menciona a busca pelo sentido da vida, haja vista que a velhice faz parte do desenvolvimento natural e como tal todos deveriam desejar alcançá-la e lutar para chegar em melhores condições de vida possíveis nessa fase.

Na obra *De Senectude*, dedicada a seu amigo Tito, uma vez que ambos tinham idades próximas e compartilhavam dos problemas e encantos da velhice, Cícero (1999, p. 8) apontava que apesar da velhice e seu peso recaído sobre si, o importante é poder suportar tudo, com virtude:

> Resolver o peso da velhice já nos pesa nos ombros e a passos largos já se aproxima – esta é a nossa tarefa. Livrar-nos deste peso a ti e a mim é meu objetivo, embora eu tenha a certeza de que tu o suportas – como suportas tudo o mais – com a virtude de um homem sábio.

A ideia aqui apresentada por Cícero, de saber superar as dificuldades que se apresentam na teoria do envelhecimento, pode ser relacionada ao contexto de Frankl, quando destaca que mesmo em situações difíceis é preciso aprender a extrair as coisas boas, mesmo que a situação apresentada na vida possa ser a pior possível. De modo que este foi um dos aspectos investigados na pesquisa de campo realizada, observando se os idosos encontravam sentido em suas vidas, mesmo em situações conflitantes e difíceis.

Depois de analisar alguns autores da Antiguidade, sobre a velhice, podemos passar à Idade Média, onde o importante era a força física, que permitia maior espaço na sociedade. No final do século XVIII o idoso passa adquirir maior respeito, pelo fato de simbolizar uma unidade e permanência da família Já no século XIX, o cenário se altera, devido as transformações sociais, com o aumento demográfico e maior número de idosos, fato que implica em disputas entre as diversas faixas etárias na luta pela sobrevivência.

O mundo do século XX é marcado por mudanças, com o desenvolvimento de muitos campos do conhecimento, surgindo estudos sobre o envelhecimento em áreas como a sociologia, antropologia, demografia, economia e medicina. Até a própria filosofia tratou da velhice como vimos na Antiguidade. Ocorre que no século XX, houve um interesse maior em estudar o fenômeno do envelhecimento, abordado inicialmente pela geriatria e, posteriormente também pela *Gerontologia*[7], que surge com o principal objetivo de proporcionar, por meio de estudos e pesquisas, melhores condições que favoreçam o bem-estar em todos os aspectos às pessoas que marcadamente iniciam o processo do envelhecimento.

No século XX, o envelhecimento tornou-se um desafio para a sociedade, seja no campo da medicina, ou no campo social, como alternativa de compreender determinados problemas e possíveis soluções para a vida dos idosos.

Para compreender essa fase que vivemos hoje, Beauvoir (1990, p. 200) fez um resumo da história, do Egito Antigo até o Renascimento, mostrando que a figura do velho sempre foi tratada de forma estereotipada, conforme destaca:

---

7 A gerontologia é um campo multi e interdisciplinar que visa a descrição e a explicação das mudanças típicas do processo do envelhecimento e de seus determinantes genético-biológicos, psicológicos e socioculturais. É importante apontar que o termo gerontologia foi usado pela primeira vez em 1903 por Metchnicoff que a compôs a partir do grego *gerontos* (velho) e *logia* (estudo). A gerontologia teve crescente importância no século XX, em virtude de ganhos de longevidade para os indivíduos e as populações provocados pelos avanços das ciências naturais e da medicina (NERI, 2001).

> A velhice é o inverso da vida. A brancura dos cabelos e a barba evoca a neve, o gelo: há uma frieza do branco à qual se opõem o vermelho – o fogo. O ardor – e o verde, cor das plantas, da primavera, da juventude. Os clichês se perpetuam, em parte porque o velho sofre um imutável destino biológico. Mas também, não sendo agente da História, o velho não interessa, não nos damos ao trabalho de estudá-lo em sua verdade. E, além disso, há na sociedade uma determinação que é a de silenciar sobre ele. Seja exaltando-o, a literatura o dissimula em clichês. Esconde-o, ao invés de revelá-lo. Com relação à juventude e à maturidade, ele é considerado como uma espécie de referência negativa: não é o próprio homem, mas seu limite; fica à margem da condição humana; nele não a reconhecemos, e não nos reconhecemos nele.

A autora apresenta que, devido ao autoritarismo absolutista da sociedade do século XVII, a vida era muito difícil para os idosos, devido a duas situações: a categoria social a que pertenciam e o próprio fator da idade. É importante pensar, dentro do contexto descrito por Beauvoir, que a expectativa de vida era de 30 a 40 anos, enquanto que no início do século XXI chegará a faixa dos 70 a 80 anos.

Vale destacar que a visão decadente da velhice não findou por completo, era bem mais forte até a metade do século passado, onde a senectude esteve associada basicamente à ideia de perdas. Mas essa ideia ainda permanecerá presente por longo tempo nas sociedades contemporâneas. Conforme Neri (2000) perscruta, houve nos países desenvolvidos, onde o envelhecimento populacional teve forte participação social, um novo olhar direcionado para os idosos, com a finalidade de desenvolver ações para a promoção de um envelhecimento com melhor qualidade de vida.

O tempo do envelhecimento: teorias, desgaste e metamorfose

Nem todos os membros da população idosa conseguem preparar-se para a velhice, porque ela ficou durante muitos anos associada à morte. Schwarz (2009) aponta a imagem do labirinto para falar do envelhecimento, um tempo que, se for medido por meio de números, leva-nos a questionar se já não estamos vivendo mais do que as estatísticas e as tabelas de expectativa de vida estabelecem. Considerando esse aspecto, poderíamos nos questionar: quanto tempo ainda nos resta? Qual a diferença em viver em um país em desenvolvimento ou em um país desenvolvido? Neste último, viver-se-á mais? O que é mais importante: a questão quantitativa ou a qualitativa?

Recordemos que Paul Ricouer (1994, p. 31), na obra *Tempo e narrativa*, retoma a questão agostiniana sobre a medida do tempo: passar, com efeito, é transitar. E, o autor argumenta ainda que passar o tempo é ir do (ex) pelo (per) presente, ao (in) passado:

> Esse trânsito confirma assim que a medida do tempo se faz "num certo espaço" (*in aliquo spatio*) e que todas as relações entre intervalos de tempo concernem a "espaços de tempo" (*spatia temporum*). O impasse parece total: o tempo não tem espaço – ora, "o que não tem espaço, nós não medimos".

O tempo tem como espaço a memória, sendo que narrar é reviver o tempo passado. Passado e futuro não existiriam e só seriam modalidades do presente se este não tivesse duração. O tempo não é, pois, a história não existe.

É possível medir o tempo? Se ele não pode ser mais longo ou mais curto, sem deixar de ser o que é. Com efeito, quando o presente parece se tornar mais longo para nós, é porque já é passado e não existe mais, e quando o vislumbramos à frente, é porque é futuro e ainda não existe:

> Onde se encontra então o tempo que possa ser chamado de longo? O futuro? Não dizemos certamente que é longo, porque não existe ainda. Dizemos, sim, que será longo. E quando será? Se esse tempo ainda agora está por vir, não será longo, pois ainda não existe nele aquilo que seja capaz de ser longo. Mas só o poderá começar a ser, no instante em que nascer desse futuro – que ainda não existe – e se tornar tempo presente, porque só então será capaz de ser longo. Mas, pelo que dissemos até aqui, o presente clama que não pode ser longo (AGOSTINHO, 1997, XI, 15, 20).

Ricouer (1994) destaca os argumentos de Agostinho: se o movimento dos astros é o tempo, por que não o dizer também do movimento de qualquer corpo? Daí observa-se que qualquer que seja o tempo que leve para este corpo se deslocar de um ponto a outro, resta que o deslocamento seja sempre o mesmo.

> Portanto, o movimento do corpo é diferente da medida de sua duração. E quem não entende qual destas duas realidades deva ser chamada de tempo? Se um corpo, ora se move de maneira desigual, ora está parado, medimos com o tempo, não só o seu movimento, mas também o seu repouso, e dizemos: "Esteve tanto tempo parado quanto em movimento"; ou "Esteve parado o dobro ou o triplo do tempo em que esteve em movimento"; ou qualquer outro intervalo de tempo, que aproximadamente tenhamos calculado ou avaliado. Em conclusão, o tempo não é o movimento dos corpos (AGOSTINHO, 1997, XI, 24, 31).

Podemos concluir com Agostinho (1997) que o tempo nada mais é do que uma extensão. Mas o que é esta extensão? Para explicá-la, Agostinho recorre a um termo chamado de "distensão". De sorte que o tempo é um *distentio animi* (*distensão da alma*), que consiste em permitir, a coexistência no presente, do passado e do futuro. De resto, é esta *distensão* que lhe dá precisamente uma *extensão*, que nos permite então medi-lo. O tempo é, pois: "a extensão da própria alma" (AGOSTINHO, 1997, XI, 26, 33).

O tempo se resume a um instante indivisível, que chamamos presente, e que não pode, doravante, ser medido. Observa-se ainda quanto ao futuro, e ao passado, na interpretação do próprio Agostinho (1997, XI, 27, 34):

> Com efeito, medimos o tempo, mas não o que ainda não existe, nem o que já não existe, nem o que não tem extensão, nem o que não tem limites. Em outras palavras, não medimos o futuro, nem o passado, nem o presente, nem o tempo que está passando. E, no entanto, medimos o tempo.

Dessa reflexão sobre o tempo e a sua medida em relação à idade ou aquilo que chamamos de fase, Agostinho está referindo-se ao desgaste do tempo, que deve ser analisado em relação ao cuidado que a pessoa teve no decorrer de sua vida e quais foram as medidas tomadas para evitar esse desgaste no transcurso da vida, cuidados esses que podem estar relacionados à alimentação e aos abusos.

Quando recorremos ao pensamento de Paula Carvalho (1999, p.30) e o ligamos com o de Jung (1993), percebemos que há uma preocupação com o sentido de cada fase, pois precisamos estar atentos para aquelas (fases) pelas quais já passamos – pois teremos um dever de 'compreender' aquelas pelas quais já passamos, como infância e a juventude e em não transformá-las, quando vividas por outros mais jovens que nós, em propostas preconceituosas de 'como' vivê-las, julgando-as segundo nossa experiência vivida. Um dever do adulto é, se vive com plenitude, desenvolver a abertura e a receptividade – e mais ainda para aquelas fases por que ainda não passamos, a morte inclusive. "O melhor é dosar entre certa preparação e o deixar-se surpreender, espontaneamente". O que importa é adotar a prática da sugestão, mostrar o que não fazer, dizer como e não os "por quês" tendo presente a alteridade. Nesse sentido, faz-se necessário compreender um pouco mais acerca das teorias do envelhecimento.

As fases do envelhecimento humano

A velhice, com suas peculiaridades, pode ser compreendida em relação ao que se estabelece entre os diferentes aspectos cronológicos, bio-fisiológicos, psicológicos e sociais. Essa interação institui-se de acordo com as condições da cultura na qual o indivíduo está inserido. Condições históricas, políticas, econômicas, geográficas e culturais produzem diferentes representações sociais da velhice e também do idoso. Observa-se que há correspondência entre a concepção de velhice, presente em uma sociedade e, as atitudes frente às pessoas que estão envelhecendo.

Cada vez mais, o envelhecimento humano é entendido como um processo influenciado por fatores, como gênero, classe social, padrões de saúde individual e coletiva da sociedade, entre outros.

Nos últimos anos muito se discutiu sobre as condições dos idosos, além disso, é preciso observar a forma como a sociedade, pautada nos princípios capitalista e de produtividade, discrimina e segregam os idosos menos favorecidos social e economicamente.

> A transição entre a manhã da vida e o depois do meio dia da vida dá-se por uma transmutação de valores. Sem nenhuma preparação, os homens chegam à segunda metade da vida, e de modo quase que imprevisto; pior ainda, atingimos o após meio-dia da vida cheios de preconceitos, de ideais, de verdades que eram até agora nosso arsenal. Ora, é impossível viver o crepúsculo da vida com a mesma programação da manhã, pois aquilo que era então importante, provavelmente será de pouca significação e a verdade da manhã será o erro do crepúsculo (PAULA CARVALHO, 1999, p. 30).

É nessa linha de raciocínio que Paula Carvalho destaca a transitoriedade da vida, como o fez o próprio Frankl (2008, p. 144):

> [...], a pessoa que enfrenta ativamente os problemas da vida é como aquela que, dia após dia, vai destacando cada folha do seu calendário e cuidadosamente a guarda junto às precedentes, tendo primeiro feito no verso alguns apontamentos referentes ao dia que passou. É com orgulho e alegria que ela pode pensar em toda a riqueza contida nessas anotações, em toda a vida que ela já viveu em plenitude. Que lhe importa notar que está ficando velha? Terá ela alguma razão para ficar invejando os jovens que vê, ou decair na nostalgia por ter perdido a juventude?

Nem sempre é fácil enfrentar a transitoriedade da vida, muitos ficam presos no passado e esquecem o presente, outros, demasiadamente presos no futuro insistem em não aceitar o presente, a transição, e têm dificuldades em aceitar a transmutação de valores. E, é válido retomar uma das ideias de Paula Carvalho (1999), que afirma que sem nenhuma preparação, os homens chegam à segunda metade da vida, e de modo quase que imprevisto.

Essa ideia é reforçada por Frankl (2008), ao falar da pessoa que enfrenta os problemas da vida, pois nem todos conseguem; uma vez que o transcorrer dos dias ensina a superar e suportar muitas dificuldades e encontrar sentido mesmo em situações desfavoráveis.

Fase cronológica

Okuma (1998) afirma que a velhice não se define simplesmente pela cronologia, e sim pelas condições físicas, funcionais, mentais e de saúde do indivíduo, sugerindo que o processo de envelhecimento é pessoal e diferenciado. Nessa perspectiva, o envelhecimento humano constitui um padrão de modificações e não um processo unilateral, mas sim, a soma de vários processos entre si, os quais envolvem aspectos biopsicossociais.

Para Vieira (1996), os processos de envelhecimento se iniciam desde a concepção, sendo a velhice definida como um processo dinâmico e progressivo no qual ocorrem modificações, tanto morfológicas, quanto funcionais e bioquímicas, como também psicológicas e que determinam a progressiva perda das capacidades de adaptação do indivíduo ao meio ambiente, ocasionando maior vulnerabilidade e maior incidência de processos patológicos.

É importante observar a visão de Papaléo Netto (2006, p. 9) segundo o qual ainda hoje se discute

> se o envelhecimento tem início logo após a concepção, no final da terceira década da vida ou próximo do final da existência do indivíduo. Esse aspecto, associado à inexistência de marcadores biofisiologicos eficazes e confiáveis do processo de envelhecimento, justifica a dificuldade de se definir a idade biológica (PAPALÉO NETTO, 2006, p. 9).

Na velhice como em qualquer outra idade, há pessoas sãs e pessoas doentes. É evidente que muitas das enfermidades, que se dizem próprias da velhice, já existiam antes da chegada desta faixa etária e somente se manifestavam com menor intensidade, porém agora na velhice, aceleram o seu curso. Este fato não exclui que com o passar dos anos, processe-se no organismo mudanças naturais que constituam uma velhice sã e normal.

Fase biológica

A teoria biológica é definida pelas modificações corporais e mentais que ocorrem ao longo do processo de desenvolvimento e caracterizam o processo de envelhecimento humano, que pode ser compreendido como um processo que se inicia antes do nascimento do indivíduo e se estende por toda a existência humana.

Quando a velhice chega, as alterações anatômicas são principalmente as mais visíveis e manifestam-se em primeiro lugar. A pele que resseca, tornando-se mais quebradiça e pálida, perdendo o brilho natural da jovialidade. Os cabelos que embranquecem e caem com maior frequência e facilidade, que não são mais naturalmente substituídos, principalmente nos homens.

O enfraquecimento do tônus muscular e da constituição óssea leva a mudanças na postura do tronco e das pernas, acentuando ainda mais as curvaturas da coluna torácica e lombar. As articulações tornam-se mais endurecidas, reduzindo assim a extensão dos movimentos e produzindo alterações no equilíbrio e na marcha. Nas vísceras, produz-se uma alteração causada pelos elementos glandulares do tecido conjuntivo e certa atrofia secundária, como a perda de peso. Quanto ao sistema cardiovascular, é própria das teorias adiantadas da velhice a dilatação aórtica e a hipertrofia e dilatação do ventrículo esquerdo do coração, associados a um ligeiro aumento da pressão arterial.

Na parte fisiológica Rebelatto e Morelli (2004), afirmam que os idosos também apresentam algumas alterações características e que podem dar a ideia de sua formação típica. É o aumento dos diâmetros da caixa torácica e do crânio, a continuidade do crescimento do nariz e do pavilhão auditivo. Ocorre também aumento do tecido adiposo, principalmente em regiões características como a região abdominal.

O teor de água corporal diminui, pela perda hídrica intracelular, havendo perda de potássio. Esses fatos levam o idoso a perder massa corporal, afetando vários órgãos, como os rins e o fígado, mas os músculos são os que mais sofrem com essa perda de massa com o passar do tempo. A pele fica menos elástica por causa da alteração da elastina e ocorre diminuição da espessura de pele e do tecido subcutâneo, levando ao aparecimento das rugas, ocorrendo também alterações nos melanócitos, que são células que dão a cor à pele, que levam a formação de manchas, hiperpigmentadas, marrom e lisa, principalmente na face e dorso da mão.

Para Guccione (1993), as alterações ligadas à idade modificam não apenas o tendão, mas também as *enteses*[8]. Essas alterações tornam o idoso mais vulnerável à lesão dos tendões por reduzirem a distensibilidade do colágeno e das fibras elásticas quando pressionadas até a atividade vigorosa completa.

Guccione (1993), destaca que essas alterações começam em torno dos 40 anos de idade e são mais perceptíveis em mulheres do que nos homens. Nas mulheres o processo de envelhecimento, fez com que a perda óssea comece com uma taxa de 0,75% a 1% por ano, iniciando entre os 30 e 35 anos de idade. Uma taxa mais elevada (2% a 3%) de perda mineral óssea acontece depois da menopausa. Uma perda maior tem lugar na coluna vertebral nos cinco anos depois da menopausa.

8 Locais de inserção de um ligamento ou músculo no osso. Podem sofrer inflamação.

A fase social

Sociólogos e psicólogos chamam a atenção para o fato de que, além das alterações biológicas, podem ser observados processos de desenvolvimento social e psicológicos alterados em algumas das suas funções, como também problemas de integração e adaptação social do indivíduo.

Observa Papaléo Netto (2006), que a teoria social tem relação com a avaliação da capacidade de adequação de um indivíduo. Essa teoria social é definida pela obtenção de hábitos e *status* social pelo indivíduo em relação a sua idade, sua cultura e seu grupo social. Neri (2001a, p. 45), reforça essa ideia afirmando que “a idade social diz respeito à avaliação do grau de adequação de um indivíduo ao desempenho dos papéis e dos comportamentos esperados para as pessoas de sua idade, num dado momento da história de cada sociedade”.

Ocorre que as experiências do envelhecimento e da velhice podem variar conforme o tempo histórico de uma sociedade, uma vez que o início dela é demarcado em cada época por critérios estabelecidos que agrupam as diferentes categorias etárias. Na interpretação de Neri e Freire (2000), a sociedade não faz isso com base em pura invenção, mas como resposta a mudanças evolutivas compartilhadas pelas pessoas de vários grupos etários, em virtude da determinação biológica e da determinação histórica e social.

A teoria social corresponde, assim, aos comportamentos atribuídos aos papéis etários que a sociedade determina para os seus membros. Ela é composta por atributos que caracterizam as pessoas e varia de acordo com a cultura, o gênero, a classe social, o transcorrer das gerações e das condições de vida e de trabalho, sendo que as desigualdades destas condições levam a desigualdades no processo de envelhecer. De certa forma, a cultura tem um importante papel nesse aspecto, pois define como uma sociedade vê os idosos e o processo de envelhecimento.

A fase psicológica

O conceito de teoria psicológica se refere à relação que existe entre a idade cronológica e as capacidades psicológicas, tais como percepção, aprendizagem e memória, as quais prenunciam o potencial de funcionamento futuro do indivíduo (NERI, 2005).

A teoria psicológica refere-se aos padrões de comportamento adquiridos e mantidos ao longo da vida e tem uma influência direta na forma como as pessoas envelhecem. Neri (2001b, p. 78) define a idade psicológica como “a maneira como cada indivíduo avalia em si mesmo a presença ou a ausência de marcadores biológicos, sociais e psicológicos da idade, com base em mecanismos de comparação social mediados por normas etárias”.

Em parte, a caracterização do indivíduo como velho é dada quando ele começa a ter lapsos de memória, dificuldade de aprendizado, falhas de atenção, orientação e concentração, comparativamente com suas capacidades cognitivas anteriores. Sabe-se que mesmo durante o processo de envelhecimento normal, algumas capacidades cognitivas como a rapidez de aprendizagem e a memória diminuem naturalmente com a idade.

No entanto, essas perdas podem ser compensadas por ganhos em sabedoria, conhecimento e experiência. Felizmente, na maioria das vezes, o declínio no funcionamento cognitivo é provocado pelo desuso (falta de prática), doenças (como depressão), fatores comportamentais (como consumo de álcool e medicamentos), fatores psicológicos (por exemplo, falta de motivação, de confiança e baixas expectativas) e fatores sociais (como a solidão e o isolamento), mais do que o envelhecimento em si (WHO, 2005).

O Envelhecimento: desgaste ou metamorfose

Aqui retomamos novamente Agostinho (1997, XI, 4; XII, 8), para quem a primeira coisa que caracteriza o âmbito do tempo, são as coisas criadas que se transformam e estão sujeitas a mudança. A corruptibilidade, o desgaste e o envelhecimento evidenciam a fugacidade e a transitoriedade do mundo criado. Observamos nessa passagem de Agostinho a ideia de que o envelhecimento é um processo, onde há um desgaste do corpo humano que está inserido em certo espaço e tempo.

E, "embora nem tudo chegue à velhice, tudo perece. Logo, quando nascem e esforçam-se por existir, quanto mais depressa crescem para existir, tanto mais se apressam para não existir. Essa é sua condição..." (AGOSTINHO, Confissões IV, 10). Discussão essa pertinente que remonta pensarmos o ciclo da vida, no momento em que nascemos já começamos a envelhecer, embora aprendemos em nossa cultura não dessa forma, mas não somos motivados a pensar sobre isso, porque poderia gerar uma angústia nas pessoas ao pensar na finitude.

Isso que Agostinho diz sobre a brevidade da beleza terrena, aplica-se à brevidade de todas as coisas temporais. Passam e morrem; crescem e desaparecem; surgem e somem com a fugacidade de uma estrela cadente. As coisas terrenas são temporais porque "passam para dar lugar a outras" (AGOSTINHO, 1997, IV, 11. XI, 14). Passam e transcorrem no tempo, sucedendo-se umas às outras. Mas, afinal, o que é o tempo? "Se ninguém mo pergunta, eu o sei; mas, se mo perguntam, e quero explicá-lo, não sei mais nada" – confessa Agostinho (1997, idem).

Sua confissão, porém, nos diz aquilo que todos sabemos o que é o tempo, mas no fundo ignoramo-lo. "Contemplamos o calmo curso das horas nos ponteiros do relógio, falamos de um 'ontem', de 'hoje' e de um 'amanhã'; de 'antes', de 'agora' ou 'depois'" (AGOSTINHO, 1997, IV, 11. XI, 15). Se acreditamos saber e entender o que é o tempo e se no-lo perguntarem, pode ocorrer que, se perguntarmos a nós mesmos o que é realmente o tempo, veremos que de fato não o sabemos.

Para Agostinho, de certo modo a teoria do envelhecimento, ou a idade é um desgaste da pessoa no tempo e no espaço.

Assim, as teorias no processo do envelhecimento poderiam ser pensadas como Kafka (2010, p. 13) representa em sua obra "A metamorfose": "Certa manhã, ao despertar de sonhos intranquilos, Gregor encontrou-se em sua cama *metamorfoseado* [...]".

A metamorfose poderia representar uma súbita mudança de postura diante da vida, de ideias e pensamentos diversos dos que se tinha anteriormente e/ou que eram pressupostos e aceitos pelo seu meio. Por exemplo, uma nova ideologia política, uma nova visão religiosa ou até mesmo filosófica perante a vida, um desejo de mudança radical de profissão, ou o próprio envelhecimento, que muitos se dão conta somente quando ele chega, não pensam que é um processo pelo qual passamos.

Kafka (2010) aponta a transformação do homem em besouro, simbolicamente, mas que é passível de reflexão. Nessa linha de raciocínio tudo o que existe sofre transformações, passa por uma metamorfose. Mas esta ideia já fora discutida em outros tempos, pelo próprio Heráclito de Éfeso, na famosa questão do *devir*, ou seja, a proposta heraclitiana era que tudo sofre transformações e está em um processo de mudança. Assim também poderíamos pensar que o ser humano está em um processo de transformação, e em cada fase sofre mudanças pertinentes à fase específica, aqui nomeadamente na fase da velhice que se estamos discorrendo.

Embora Kafka não seja conhecido e discutido na literatura gerontológica, questiona-se: que relação tem a metamorfose de Kafka com a temática? O fato está em refletir o processo do envelhecimento que é uma fase de mudanças e transformações físicas, biológicas, psíquicas e sociais tomando como referência o homem que se transforma em *besouro*. Procedamos com essa reflexão.

Da mesma forma que ocorre a transformação na obra de Kafka, podemos dizer que o ser humano também passa por uma metamorfose durante toda sua vida, ou melhor, dizendo, o homem passa por fases das quais já foram tratadas. Mas a questão é a seguinte: a ideia do *besouro* pode ser pensada como o idoso, que durante sua vida passou por inúmeras fases e esta, a velhice é mais uma. Nesta fase, o idoso muitas vezes afasta-se de seu círculo social por pensar, e imaginar que não é mais importante e que não faz mais parte, e acaba sendo esquecido pelo seu isolamento.

As manifestações concretas da vivência social pouco ou quase nada aparecem para alguns nesta fase; gera a chamada angústia existencial por não fazer mais parte do círculo social, por estar velho.

Segundo Paula Carvalho (1999), um dever do adulto-idoso é viver com plenitude, desenvolvendo uma abertura e receptividade para aquelas fases pelas quais ainda não passamos, inclusive a morte.

A velhice enquanto fase não pode mais ser pensada como nos séculos passados, que era associada à morte, a incapacidade, improdutividade não podemos pensar ou considerar dessa forma, pelo contrário, é preciso observar que nem todas as concepções negativas se aplicam aos idosos, não é possível generalizar e dizer que todos são improdutivos, desesperançados, *velhos*, mas sim que existe algo dentro de cada um que o impulsiona para frente, mesmo no processo do envelhecimento há continuidade pelo sentido da vida.

Aqui vale lembrar de Bloch (1976, p. 11) em seu livro "Princípio esperança", quando nele escreve:

> "o homem possui em si aquilo que impulsiona para adiante" – que o inquieta e põe em movimento, faz ardente e incisivo, estimula e atiça para conservar esta fervura do mais profundo de si mesmo. Quando tudo parece ruir, "do mais profundo de nós mesmos, alguma coisa surge e procura se agarrar", é a tensão que, no sentimento, se traduz sob forma de aspiração, que se dirige para fora.

E é lá, onde há a representação de uma coisa melhor e finalmente perfeita, que nasce o desejo, pleno de impaciência e de exigência. A simples representação transforma-se, assim, em uma imagem-desejo que traz uma marca: "é assim que isto deveria ser [...]. O desejo subsiste mesmo lá onde a vontade se mostra impotente". (BLOCH, 1976, p. 12) O desejo e a esperança que habitam o ser humano frente a sua incompletude levam-no a buscar ou mesmo encontrar o sentido da vida.

O sentido do envelhecimento para professores

Vale iniciar esta reflexão final sobre o sentido do envelhecimento para professores, retomando Viktor Frankl (2008), que em suas obras ressalta sobre o sentido da vida. O ser humano é um ser em busca de sentido. Mesmo nas situações mais extremas da vida, naquelas em que não se vê a possiblidade de mudança, Frankl relata que ainda, em que nos encontremos em situações extremas, caóticas é possível encontrar o sentido para a vida. Nesta linha, os professores também encontram o sentido da vida no envelhecimento. Diante disso questiona-se: professor tem uma velhice diferente daqueles que atuaram em outras profissões? O exercício da docência pode influenciar na qualidade de vida na velhice? E o professor conseguirá se aposentar em um mundo que valoriza o trabalho? Essas são algumas questões que, na maioria das vezes, só são pensadas pelo professor quando a terceira idade se aproxima.

Conforme Santos (2001), "O fortalecimento e a hegemonia do capitalismo no mundo moderno reforçam o desvalor do velho por se constituir em força de trabalho obsoleta, em mercadoria gasta e descartável", escreve a autora. Assim, "nega-se o tempo de vida vivido, exclui-se a potencialidade da memória, da lembrança, da evocação". Nesta linha, Pepe Mujica ex-presidente Uruguaio tece uma consideração incrível sobre a questão do tempo e o mundo capitalista: "inventamos uma montanha de consumos supérfluos, compra-se e descarta-se. Mas o que se gasta, é tempo de vida. Porque, quando eu compro algo, não pagamos com dinheiro, pagamos com tempo de vida que tivemos de gastar para ter aquele dinheiro. Mas tem um detalhe: tudo se compra, menos a vida.

Assim, o processo de envelhecimento dos professores é marcado por estes movimentos de buscar o novo, de atualizar-se. Ao se aposentar o professor garante e sustenta certas capacidades que foram necessárias ao exercício de seu ofício: ao elaborar aulas e planejar atividades desenvolveu um processo de criação permanente. "Tais capacidades permanecem e, por isso, sustentam uma certa e especial forma de envelhecer, com inventividade e criação de novos espaços existenciais (SANTOS, 2001).

Conforme Huberman apud Reis e Brito (2013) sobre a identidade do professor, no exercício profissional, pode–se destacar que existem algumas tendências centrais ligadas a essa carreira que começa a ser notado ao longo desse trabalho no qual destaca-se duas tendências: a) serenidade e distanciamento: fase em que ocorre diminuição do investimento no trabalho e na ambição profissional e que é marcada também por certo distanciamento afetivo dos alunos; b) desinvestimento: estágio em que os professores "libertam-se" do investimento no trabalho para dedicar-se mais à vida pessoal, havendo certo descomprometimento e olhar crítico em relação à profissão.

Considerações finais

O envelhecimento deve ser compreendido como um processo natural, dinâmico, progressivo e irreversível que acompanha o ser humano desde o seu nascimento até à sua morte. Este é um fenômeno pessoal e de variabilidade individual, ou seja, que varia de indivíduo para indivíduo, e que está associado a um conjunto de alterações biológicas, psicológicas e sociais que se processam ao longo do ciclo vital.

Na docência, não é diferente, o envelhecimento é um processo natural, chegará para todos(as). Hoje se discute muito sobre que tipo de vida quero ter ou gostaria de ter no envelhecimento e como gostaria de envelhecer-(ser). É uma questão de lógica, não apenas para o envelhecimento, mas em toda e qualquer circunstância, no caso do envelhecimento docente, podemos pensar o seguinte: o tipo de vida que quer ter no envelhecimento, depende muito do tipo de vida que tenho agora na fase em que me encontro.

Em qualquer profissão, atividade, ao chegarmos na dádiva do envelhecimento, chegaremos com certeza de outra forma, o desgaste do tempo, os impactos sociais, familiares, econômicos, políticos e, os impactos vividos pelo exercício da profissão. O desgaste psíquico do docente é com certeza maior, o cansaço mental consome mais este profissional, sem contar jornada de trabalho, ambiente de trabalho, rede social entre outros. Mas vale dizer, que envelhecer na docência.

Santos (2001) em sua pesquisa relata que "O professor, ao envelhecer, traz em suas rugas as lembranças de suas vidas na e pela escola. Como também, provavelmente, o médico e o advogado carregam consigo muitas outras lembranças. Porém, o professor mantém-se professor pela própria professoralidade, pelo próprio discurso... Fortalecendo a identidade que foi sendo elaborada no exercício da docência".

Em suma, o envelhecer saudável do professor, está associado na maioria das vezes associado no fazer o que gosta, no encontrar o sentido para a vida. No envelhecimento nossos valores mudam, tendemos a repensar mais nossa vida, valorizando cada dia que se passa, não como se ele fosse o último, mas considerando as coisas simples da vida que o mundo moderno e capitalista foi aos poucos tirando das pessoas. Coisas simples como olhar o nascer o por do sol, a chuva, os animais, viver sem pressa. Afinal, quando entramos no mercado de trabalho passamos 80% de nosso tempo de vida neste ambiente. No envelhecimento vamos nos desapegando aos poucos, certas coisas materiais não têm mais tanto valor como no passado, porque compreendemos que aquilo que lutamos para comprar, não se compra com dinheiro, mas sim, com tempo de vida gasto trabalhado para fazer o dinheiro.

REFERÊNCIAS

AGOSTINHO, S. **Confissões**. São Paulo: Nova Cultural, 1997.

ARENDT, Hannah. **A condição humana**. 10. ed. Rio de Janeiro: Forense Universitária, 2005.

ARISTÓTELES. **A Ética**. Bauru, São Paulo: Edipro. 1995.

______. **A Política**. Trad. Nestor Silveira Chaves. 15. ed. Rio de Janeiro: EDIOURO, 1988.

______. **A Política**. Trad. Roberto Leal Ferreira. 2. ed. São Paulo: Martins Fontes, 1998.

______. **Da Alma (De Anima)**. Trad. Carlos Humberto Gomes. Lisboa: Edições 70, 2001.

______. **Ética a Nicômaco**. São Paulo: Abril cultural, 1973. 536 p. (Coleção Os Pensadores).

______. **Metafísica**. Trad. Leonel Vallandro. Porto Alegre: Editora Globo, 1969.

______. **Metafísica**. Trad. Giovanni Reale & Marcelo Perine. São Paulo: Edições Loyola, 2002.

BEAUVOIR, S. **A velhice**. Rio de Janeiro: Nova Fronteira, 1990.

BLOCH, Ernst. **Lê pricipe esperance**. Trad. Françoise Wuilmart. Paris: Gallimard, 1976.

CARVALHO, J. C. P. Velhice, alteridade e preconceito: dimensões do imaginário grupal com idosos. **Interface**, Botucatu, SP, v. 3, n. 5, ago. 1999.

CARVALHO, J. M.; ANDRADE, F. C. D. Envelhecimento da população brasileira: oportunidades e desafios In: ENCONTRO LATINO-AMERICANO. Santiago, 1999; CELADE, 2000. **Anais**... Santiago, 1999; CELADE, 2000.

CÍCERO. **Saber envelhecer e a amizade**. Trad. Paulo Neves. Porto Alegre: L & M, 1999.

FRANKL, Viktor Emil. **A presença ignorada de Deus**. 4. ed. São Leopoldo, RS: Sinodal/Vozes, 1992.

_____. **Em busca de sentido**: um psicólogo no campo de concentração. 29. ed. São Leopoldo, RS: Sinodal/Vozes, 2010.

_____. **Psicoterapia e sentido da vida**: fundamentos da logoterapia e análise existencial. 2. ed. São Paulo: Quadrante, 1986.

_____. **Sede de sentido**. 2. ed. São Paulo: Quadrante, 1998.

_____. **Um sentido para a vida**: psicoterapia e humanismo. 2. ed. Aparecida, SP: Santuário, 1989.

GUCCIONE, A. A. **Fisioterapia geriátrica**. 2. ed. Rio de Janeiro: Guanabara Koogon, 1993.

KAFKA, Franz. **A Metamorfose**. Trad. Modesto Carone. São Paulo: Companhia das Letras, 2010.

NERI, A. L.; FREIRE, S. A. (Orgs.). **E por falar em boa velhice**. Campinas, SP: Papirus. 2000.

NETTO, M. P. Estudo da velhice: histórico, definições do campo e termos básicos. In: FREITAS, E. V. de et al. **Tratado de Gerontologia e Geriatria**. Rio de Janeiro: Guanabara Koogan, 2006.

OKUMA, S. S. **O idoso e a atividade física**. Campinas, SP: Papirus,1998.

PLATÃO. **Banquete**. 2. ed. Trad. José Cavalcante de Souza. São Paulo: Abril Cultural, 1983. 53 p. (Col. Os pensadores).

______. **Fédon**. 2. ed. Trad. Jorge Paleikat e João Cruz Costa. São Paulo: Abril Cultural, 1983. p. 55-126. 71 p. (Col. Os Pensadores).

REBELATTO, J. R.; MORELLI, J. G. S. **Fisioterapia geriátrica**: a prática da assistência ao idoso. 2. ed. Barueri, SP: Manole, 2007.

SANTOS, Thais Helena dos. **O sentido da velhice para os professores**. Educabrasil. São Paulo: Midiamix, 2001. Disponível em: <https://www.educabrasil.com.br/o-sentido-da-velhice-para-os-professores/>. Acesso em: 5 set. 2019.

SILVA, Correia Adriano. Phrónesis. **Revista de Ética – Phrónesis**, Campinas, v. 1, n. 1, p. 11-25, jan./abr. 1998.

SÓFOCLES. **Antígona**. Trad. Donaldo Schüller. Porto Alegre, 2003.

REIS, Thalles Oliveira; BRITO, Robson Figueiredo. **Ser e ficar velho na docência**: construções discursivas presentes na Identidade do professor. XVI Encontro Latino Americano de Iniciação Científica, XII Encontro Latino Americano de Pós-Graduação e VI Encontro Latino Americano de Iniciação Científica Júnior – Universidade do Vale do Paraíba. Disponível em: <http://www.inicepg.univap.br/cd/INIC_2013/anais/arquivos/RE_0515_0177_01.pdf>. Acesso em: 10 ago. 2019.

VIEIRA, Aline dos Santos; MELLO-CARPES, Pâmela Billig. Processo de envelhecimento: percepções de docentes da rede básica de educação do município de Uruguaiana-RS. **Rev. Bras. Geriatr. Gerontol.**, Rio de Janeiro, v. 16, n. 4, p. 705-712, 2013. Disponível em: <http://www.scielo.br/pdf/rbgg/v16n4/1809-9823-rbgg-16-04-00705.pdf>. Acesso em: 15 ago. 2019.

WORLD HEALTH ORGANIZATION. **Envelhecimento ativo**: uma política de saúde. Brasília: Organização Pan-Americana da Saúde, 2005.

SOBRE OS ORGANIZADORES

Mauro Trevisan

Possui Graduação em Filosofia pela Universidade São Francisco (1999), Graduação em Letras – Português e Inglês – CESB (2017), Graduação em Pedagogia – CESB (2017), Mestrado em Gerontologia pela Universidade Católica de Brasília (2012), Doutorado em Psicologia pela Universidade Católica de Brasília (2017). Atualmente é professor da Associação de ensino e pesquisa – Pós-Graduação, professor da Universidade Estácio de Sá e professor – Centro Universitário Icesp. Tem experiência na área de Filosofia, com ênfase em Metodologia da Pesquisa Filosófica, atuando principalmente nos seguintes temas: metafísica, história – vida – filosofia – devir, divisão – filosofia – autores, educação superior – qualificação e ciência – ética – conhecimento. Integra o Banco de Avaliadores do Sistema Nacional de Avaliação da Educação Superior – BASis (Portaria nº 430, de 20 de maio de 2018).

Marcelo Fabiano Rodrigues Pereira

Doutor em Educação na Universidade de Brasília (2016) e Mestre em Educação formado pela Universidade de Brasília – UNB. Atua na linha de pesquisa Escola, Aprendizagem, Ação Pedagógica e Subjetividade na Educação, no eixo Letramento e Formação de Professores e Formação de Professores na perspectiva da Educação do Campo. Pedagogo, formado pela UEG – Universidade Estadual de Goiás; Especialista em Educação, democracia e Gestão escolar pela Universidade do Tocantins; Especialista em Psicopedagogia pela Universidade Cândido Mendes. Atualmente trabalha como professor – Secretaria de Estado de Educação do Distrito Federal. É professor adjunto do Centro Universitário Estácio de Brasília – Estácio Brasília, lecionando disciplinas como: Práticas Pedagógicas, Metodologia e Práticas de Ensino dentre outras disciplinas na área da formação de professores.

SOBRE OS AUTORES

Benjamin de Lacerda Júnior
Possui graduação em Geografia Licenciatura Plena pela Pontifícia Universidade Católica de Goiás (1990), graduação em Geografia Bacharelado pela Pontifícia Universidade Católica de Goiás (1990), especialização em Geografia Humana, Pontifícia Universidade Católica de Minas Gerais – PUC-MG, Mestre em Geografia na área de concentração: natureza e a apropriação do espaço do cerrado pela Universidade Federal de Goiás (2004) Dissertação intitulada "Modernização da Agricultura e a relação campo cidade no município de Rio Verde – GO". Doutor em Geografia na área de concentração: natureza e produção do espaço pela Universidade Federal de Goiás (2011) Tese intitulada "Políticas Públicas espaciais do agronegócio". Professor de educação básica no colégio Santa Rosa de LIMA (Externato São José) Goiânia-GO, 1990 – 2003, Professor de ensino superior na Universidade Estadual de Goiás. 1990 1995. professor de Ensino superior na Universidade de Rio Verde – GO 2004 – 2006. Coordenador e Diretor da Faculdade de Geografia da Universidade de Rio Verde 2004 – 2006. Professor substituto na Faculdade de Geografia -UNB 2006 – 2009. Professor no curso de Pedagogia da Faculdade Fortium 2007 – 2012 Professor de ensino superior da Faculdade JK – Brasília curso de pedagogia 2013 – 2015. Professor convidado na Faculdade de Educação da UNB – 2013 – 2015. curso de pedagogia. Participou do projeto de pesquisa e extensão Tecendo cidadania no campo – INCRA – PRONERA – UNB. Coordenador de tutores da UAB-UNB – FE. Coordenador do Curso de pedagogia da Faculdade Estácio Brasília 2016/01. Professor Centro Universitário Estácio de Brasília, 2016 – 2019 Cursos de Pedagogia, Arquitetura e Urbanismo, Matemática. Tem experiência na área de Educação, com ênfase metodologia de ensino e aprendizagem na educação básica avaliação institucional, orientação de trabalhos de conclusão de curso, projetos de pesquisa e extensão em educação, ambiental, relações étnicos-raciais, educação no campo, em Ciências Humanas, Geografia Política, Geografia Econômica, Geografia Urbana, atuando principalmente nos seguintes temas: Cultura brasileira e história dos povos indígenas e afrodescendentes, Antropologia, Filosofia da Educação Sociologia da Educação, ensino de geografia e história na infância, ensino, aprendizagem, educação inclusiva e geografia cultural, Geografia Humana, Geografia Agrária, Ateliê de Urbanismo, formação de professores. Educação ambiental, Meio ambiente, sustentabilidade e responsabilidade socioambiental, membro do NDE do curso de pedagogia matemática e de arquitetura e urbanismo do Centro Universitário Estácio de Brasília.

Helen Tatiana dos Santos-Lima
Graduada em Psicologia Clínica pela Universidade Católica de Brasília (2004), Licenciatura em Filosofia pela Universidade Católica de Brasília (2006), especialização em Psicologia Escolar e, também, em Educação Inclusiva. É mestre em Educação pela Universidade de Brasília (2008) e doutora em Educação pela Universidade Católica de Brasília (2018). Atualmente, é psicóloga escolar na Secretaria de Educação do Distrito Federal, autuando como coordenadora intermediária do Serviço Especializado de Apoio à Aprendizagem. É professora adjunto e coordenadora do Curso de Pedagogia do Centro Universitário Estácio de Brasília. É Diretora dos Estudos em Educação e Vice-Presidente da Comissão de estudos em Ética, Educação e Inclusão da Rede Internacional de Excelência Jurídica – RIEX/DF. Está como pesquisadora convidada na Pós-Graduação em Educação da Universidade Católica de Brasília no Grupo de Pesquisa Inclusão Educacional em Contextos de Exclusão (IECE). É idealizadora e coordenadora do projeto Social Brinquedoteca Solidária. Orienta Projetos de Iniciação Científica nas áreas de gênero, inclusão, educação, cultura afrodescendente. Tem experiência na área de Educação e Psicologia, atuando principalmente nos seguintes temas: aprendizagem, diagnóstico psicopedagógico, inclusão, estratégias pedagógicas, relações sociais, gênero e socioeducação.

Ivar César Oliveira de Vasconcelos
Graduado em Filosofia pela Universidade Federal do Piauí (1997), com diversas especializações (2001 a 2011). Tem mestrado (2011), doutorado (2014) e pós-doutorado (2016).

Jocelaine Aparecida Telles
Possui graduação em História pela Universidade Paranaense (2007); Graduação em Pedagogia, CESB, CESB_PPROV, Valparaiso de Goiás, Brasil (2016); Graduação em Enfermagem, Associação Educativa do Brasil – Matriz, SOEBRAS, Brasília, (2016). Especialização em Gestão e Orientação Escola, Faculdade do Meio Ambiente e Tecnologia de Negócios, FAMATEC, Brasil (2012).

Rosalina Rodrigues de Oliveira

Possui graduação em Pedagogia pela Universidade Católica de Brasília (1994), mestrado em Educação pela Universidade de Brasília (2007) e doutorado em Educação pela Universidade de Brasília (2012). Professora aposentada da Secretaria do Estado de Educação do Distrito Federal (DF). Atuou como coordenadora pedagógica em escolas da Educação Básica do Distrito Federal. Atua como professora de EAD no Instituto Saber. Atuou como professora regente, pesquisadora, membro do NDE, da CPA do Centro Universitário Estácio de Brasília. Atuou como tutora na Universidade de Brasília – UAB. Atua como professora regente e coordenadora do curso de Pedagogia presencial e EAD, coordenadora da Pós-Graduação do curso de Psicopedagogia clínica e institucional do Centro Universitário do Planalto no Distrito Federal – UNIPLAN. Pesquisadora bolsista na pesquisa em nível nacional sobre Educação Integral/Educação Integrada e(m) Tempo Integral: concepções e práticas na educação brasileira, em parceria com universidades públicas federais (UFMG, UNIRIO e UFPR) atendendo à demanda da SECAD/MEC (2008/2010). Publicações em anais da ANPED Centro-Oeste e LEPSI e no periódico eletrônico SCIELO. A mesma realiza estudos sobre Alfabetização e Letramento utilizando os dispositivos da memória educativa. Tem experiência na área de Educação Infantil, atuando principalmente como os seguintes temas: políticas públicas, práticas pedagógicas, metodologias ativas, estratégias pedagógicas relações étnico-raciais. Integra o Banco de Avaliadores do Sistema Nacional de Avaliação da Educação Superior – BASis (Portaria nº 483, de 7 de junho de 2018). E-mail: rosalinasedf@gmail.com. Telefone: (61) 99272 3484.

Vera Aparecida de Lucas Freitas

Doutora em Linguística pela Universidade Federal de Minas Gerais (2003); mestre em Linguística pela Universidade de Brasília (1996); graduada em Comunicação Social pela Universidade de Brasília (1971).

SOBRE O LIVRO
Tiragem: 1000
Formato: 16 x 23 cm
Mancha: 12,3 X 19,3 cm
Tipologia: Times New Roman 11,5/12/16/18
Arial 7,5/8/9
Papel: Pólen 80 g (miolo)
Royal Supremo 250 g (capa)